Père Robert Culat

Homélies pour l'année liturgique C

Père Robert Culat

Homélies pour l'année liturgique C

D'après le lectionnaire de l'Eglise catholique

Éditions Croix du Salut

Impressum / Mentions légales
Bibliografische Information der Deutschen Nationalbibliothek: Die Deutsche Nationalbibliothek verzeichnet diese Publikation in der Deutschen Nationalbibliografie; detaillierte bibliografische Daten sind im Internet über http://dnb.d-nb.de abrufbar.
Alle in diesem Buch genannten Marken und Produktnamen unterliegen warenzeichen-, marken- oder patentrechtlichem Schutz bzw. sind Warenzeichen oder eingetragene Warenzeichen der jeweiligen Inhaber. Die Wiedergabe von Marken, Produktnamen, Gebrauchsnamen, Handelsnamen, Warenbezeichnungen u.s.w. in diesem Werk berechtigt auch ohne besondere Kennzeichnung nicht zu der Annahme, dass solche Namen im Sinne der Warenzeichen- und Markenschutzgesetzgebung als frei zu betrachten wären und daher von jedermann benutzt werden dürften.

Information bibliographique publiée par la Deutsche Nationalbibliothek: La Deutsche Nationalbibliothek inscrit cette publication à la Deutsche Nationalbibliografie; des données bibliographiques détaillées sont disponibles sur internet à l'adresse http://dnb.d-nb.de.
Toutes marques et noms de produits mentionnés dans ce livre demeurent sous la protection des marques, des marques déposées et des brevets, et sont des marques ou des marques déposées de leurs détenteurs respectifs. L'utilisation des marques, noms de produits, noms communs, noms commerciaux, descriptions de produits, etc, même sans qu'ils soient mentionnés de façon particulière dans ce livre ne signifie en aucune façon que ces noms peuvent être utilisés sans restriction à l'égard de la législation pour la protection des marques et des marques déposées et pourraient donc être utilisés par quiconque.

Coverbild / Photo de couverture: www.ingimage.com

Verlag / Editeur:
Éditions Croix du Salut
ist ein Imprint der / est une marque déposée de
AV Akademikerverlag GmbH & Co. KG
Heinrich-Böcking-Str. 6-8, 66121 Saarbrücken, Deutschland / Allemagne
Email: info@editions-croix.com

Herstellung: siehe letzte Seite /
Impression: voir la dernière page
ISBN: 978-3-8416-9856-8

Copyright / Droit d'auteur © 2013 AV Akademikerverlag GmbH & Co. KG
Alle Rechte vorbehalten. / Tous droits réservés. Saarbrücken 2013

Homélies du père Robert Culat

Année liturgique C

Table des Matières

Premier dimanche de l'Avent 9

    Luc 21, 25-38.34-36 9

Deuxième dimanche de l'Avent 11

    Luc 3, 1-6 11

Troisième dimanche de l'Avent 13

    Luc 3, 10-18 13

Quatrième dimanche de l'Avent 15

    Luc 1, 39-45 15

Messe de la nuit de Noël 17

    Luc 2, 1-14 17

La sainte famille 19

    Luc 2, 41-52 19

Epiphanie du Seigneur 21

    Matthieu 2, 1-12 21

Baptême du Seigneur 23

    Luc 3, 15-16.21-22 23

2ème dimanche du temps ordinaire 25

    Jean 2, 1-11 25

3ème dimanche du temps ordinaire (pour l'unité des chrétiens) 27

    1 Corinthiens 12, 12-30 27

4ème dimanche du temps ordinaire 29

    Luc 4, 21-30 29

5ème dimanche du temps ordinaire	31
Luc 5, 1-11	31
6ème dimanche du temps ordinaire	33
Luc 6, 17-26	33
7ème dimanche du temps ordinaire	35
Luc 6, 27-38	35
8ème dimanche du temps ordinaire	37
Luc 6, 39-45	37
9ème dimanche du temps ordinaire	39
Luc 7, 1-10	39
Premier dimanche de Carême	41
Luc 4, 1-13	41
Deuxième dimanche de Carême	43
Luc 9, 28-36	43
Troisième dimanche de Carême	45
Luc 13, 1-9	45
Quatrième dimanche de Carême	47
Luc 15, 1-32	47
Cinquième dimanche de Carême	49
Jean 8, 1-11	49
Dimanche des Rameaux et de la Passion	51
Luc 22,14-23,56	51
Messe de la Cène du Seigneur	53
Jeudi Saint 2006	53

Vendredi saint 2004	55
Jean 18,1-19,42	55
Pâques 2011	57
Jean 20, 1-9	57
2ème dimanche de Pâques	60
Jean 20, 19-31	60
3ème dimanche de Pâques	62
Jean 21, 1-19	62
4ème dimanche de Pâques	64
Actes des apôtres 13, 14.43-52	64
5ème dimanche de Pâques	66
Jean 13, 31-35	66
6ème dimanche de Pâques	68
Jean 14, 23-29	68
Ascension du Seigneur	70
Luc 24, 46-53	70
7ème dimanche de Pâques	72
Jean 17, 20-26	72
Pentecôte 2007	74
Jean 14, 15-16.23-26	74
La Sainte Trinité	76
Jean 16, 12-15	76
Le Saint Sacrement	78
Luc 9, 11-17	78

- 10ème dimanche du temps ordinaire ... 80
  - Luc 7, 11-17 ... 80
- 11ème dimanche du temps ordinaire ... 82
  - Luc 7, 36-8, 3 ... 82
- 12ème dimanche du temps ordinaire ... 84
  - Luc 9, 18-24 ... 84
- 13ème dimanche du temps ordinaire ... 86
  - Luc 9, 51-62 ... 86
- 14ème dimanche du temps ordinaire ... 88
  - Luc 10, 1-12.17-20 ... 88
- 15ème dimanche du temps ordinaire ... 90
  - Luc 10, 25-37 ... 90
- 16ème dimanche du temps ordinaire ... 92
  - Luc 10, 38-42 ... 92
- 17ème dimanche du temps ordinaire ... 94
  - Luc 11, 1-13 ... 94
- 18ème dimanche du temps ordinaire ... 96
  - Luc 12, 13-21 ... 96
- 19ème dimanche du temps ordinaire ... 98
  - Luc 12, 32-48 ... 98
- Assomption de la Vierge Marie ... 100
  - Luc 1, 39-56 ... 100
- 20ème dimanche du temps ordinaire ... 102
  - Luc 12, 49-53 ... 102

21ème dimanche du temps ordinaire 104

    Luc 13, 22-30 104

22ème dimanche du temps ordinaire 106

    Luc 14, 7-14 106

23ème dimanche du temps ordinaire 108

    Luc 14, 25-33 108

24ème dimanche du temps ordinaire 110

    Luc 15, 1-32 110

25ème dimanche du temps ordinaire 112

    Luc 16, 1-13 112

26ème dimanche du temps ordinaire 114

    Luc 16, 19-31 114

27ème dimanche du temps ordinaire 116

    Luc 17, 5-10 116

28ème dimanche du temps ordinaire 118

    Luc 17, 11-19 118

29ème dimanche du temps ordinaire 120

    Luc 18, 1-8 120

30ème dimanche du temps ordinaire 122

    Luc 18, 9-14 122

31ème dimanche du temps ordinaire 124

    Luc 19, 1-10 124

Toussaint 2010 126

    Matthieu 5, 1-12 126

32ème dimanche du temps ordinaire 128
    Luc 20, 27-38 128

33ème dimanche du temps ordinaire 130
    Luc 21, 5-19 130

Le Christ Roi de l'Univers 132
    Luc 23, 35-43 132

Premier dimanche de l'Avent
Luc 21, 25-38.34-36
2012

Avec le premier dimanche de l'Avent nous commençons une nouvelle année liturgique au cours de laquelle nous méditerons plus particulièrement l'évangile selon saint Luc. L'année liturgique chrétienne commence et finit de la même manière. Le 33ème dimanche du temps ordinaire, celui avant la fête du Christ roi, et le premier dimanche de l'Avent nous présentent en effet un passage du discours de Jésus sur la fin des temps et sur son retour dans la gloire : « Jésus parlait à ses disciples de sa venue ». Ou pour le dire autrement le début et la fin de l'année chrétienne nous orientent vers l'avenir. Non pas l'avenir dans un sens simplement historique mais notre avenir du point de vue de Dieu et de son projet de salut pour notre humanité. C'est le Christ, et lui seul, parce qu'il est l'Alpha et l'Omega de toutes choses, qui nous permet de regarder cet avenir avec confiance : « Redressez-vous et relevez la tête, car votre rédemption approche ». Dans sa lettre aux Colossiens saint Paul nous décrit d'une manière admirable la place centrale du Christ dans l'accomplissement de toute la création : « Car Dieu a voulu que dans le Christ toute chose ait son accomplissement total. Il a voulu tout réconcilier par lui et pour lui, sur la terre et dans les cieux, en faisant la paix par le sang de sa croix. » Cette réconciliation universelle acquise par l'amour du Fils de Dieu ne trouvera sa perfection qu'à la fin des temps, lors de son retour « avec grande puissance et grande gloire ». Le temps de l'Avent nous oriente d'abord vers ce moment-là dont nul ne connaît ni le jour ni l'heure.

L'Avent nous remet devant les yeux la belle cohérence du mystère chrétien à partir du thème de la venue du Sauveur : Il est venu à Noël, il vient chaque jour et il reviendra. La différence entre ces venues ou ces présences du Seigneur à notre humanité se trouve dans la manière dont il vient. A Noël et aujourd'hui dans l'humilité et de manière cachée, à la fin des temps avec gloire et de manière évidente. Au commencement de l'Avent l'Eglise nous fait comprendre que la meilleure manière de nous préparer au retour du Christ dans la gloire c'est de l'accueillir jour après jour dans la vie de foi, d'espérance et de charité. Pour cela nous devons nous « tenir sur nos gardes » et « faire de nouveaux progrès ». Comme le carême l'Avent est un temps de préparation, d'attente. Mais ce temps est court. Il est plus difficile de vivre spirituellement l'Avent que le carême. Comment en effet ne pas se laisser distraire ? Comment demeurer attentif à l'essentiel ? L'ambiance de nos villes en décembre ne nous porte pas à l'intériorité et au silence mais au commerce intensif. Il nous faut donc une capacité de résistance pour ne pas nous laisser engloutir par ces soucis matériels. Sans parler de la tradition danoise des nombreux repas de Noël tout au long du mois de décembre, bien avant la fête elle-même ! Comment donc faire de nouveaux progrès et bien profiter du temps de l'avent ? En limitant au maximum, donc en groupant, nos sorties pour acheter les fameux cadeaux de Noël qui, eux aussi, peuvent être limités. En consacrant du temps à la prière et à la lecture des évangiles. En ayant le désir de créer dans nos maisons une atmosphère propice au recueillement : moins de télé, de radio ; moins de temps passé sur nos écrans d'ordinateur ou d'IPhone. Il s'agit en effet de nous désencombrer du superflu qui nous divertit si bien de l'essentiel. L'Avent comme temps de l'attente nous propose aussi de revoir si possible nos rythmes de vie. Certains parmi nous, plus que d'autres, ont un emploi du temps bien chargé et un rythme de vie rapide. L'Avent ce peut être aussi l'occasion de maîtriser davantage ce rythme, de ne pas en être l'esclave, donc de ralentir et de faire des pauses même très courtes, pour mieux nous tourner vers le Seigneur qui vient. Vous le constatez : vivre l'Avent n'est pas facile car ce temps nous demande de ramer à contre-courant et de ne pas nous laisser entraîner dans le scintillement artificiel des lumières de nos villes. Scintillement finalement si triste et si vide lorsqu'il n'est pas accompagné de la joie secrète provenant de notre relation avec Jésus Emmanuel.

Deuxième dimanche de l'Avent

Luc 3, 1-6

2009

« *Restez éveillés et priez en tout temps* » ! C'est avec cette consigne de Jésus que nous avons commencé ce temps de l'Avent. En ce dimanche la parole de Dieu nous donne une image suggestive : celle du chemin. Prenons le temps de réécouter cette parole dans les trois lectures :
Tout d'abord dans le livre de Baruc : « *La terre sera aplanie, afin qu'Israël chemine en sécurité dans la gloire de Dieu* ».
Ensuite en saint Paul : « *Dans la droiture, vous marcherez sans trébucher vers le jour du Christ* ».
Enfin dans l'Evangile : « *Préparez le chemin du Seigneur, aplanissez sa route* ».
D'un côté c'est le Seigneur lui-même qui prépare le chemin pour son peuple, c'est le Seigneur qui prépare notre chemin, un chemin de salut et de justice. De l'autre nous devons préparer un chemin pour le Seigneur qui vient ! Avant de répondre à l'appel de Jean-Baptiste, il nous est bon d'accueillir le message de Baruc. Dieu, dans sa bonté et sa miséricorde, nous prépare le chemin qui conduit au salut. Son désir de Père, c'est que nous marchions sur ce chemin en sécurité, sans trébucher. Sa Parole est active, elle nous rassemble en un peuple appelé à la sainteté. Et la fin de la première lecture évoque de manière magnifique cette Providence de Dieu à notre égard et à l'égard de son peuple : « *Dieu conduira Israël dans la joie, à la lumière de sa gloire, lui donnant comme escorte sa miséricorde et sa justice* ». Avons-nous réellement foi en l'action de Dieu pour nous ? Sommes-nous convaincus que sa Parole est efficace et qu'elle est à l'œuvre aujourd'hui comme hier ? Croyons-nous en l'action de l'Esprit Saint en nous, dans l'Eglise et dans le monde ? Cette foi en l'action concrète de Dieu pour nous et pour tous les hommes est la condition indispensable qui nous permet d'agir à notre tour en tant que chrétiens. Ou pour le dire autrement *nous ne pourrons pas préparer le chemin du Seigneur si d'abord nous ne reconnaissons pas en Lui Celui qui nous conduit sur le bon chemin*. C'est Dieu le premier qui nous as aimés : tout d'abord en nous donnant la vie naturelle et ensuite en nous donnant la vie surnaturelle, celle des enfants de Dieu reçue au baptême.

Convaincus de cette vérité, nous pouvons alors nous demander comment préparer le chemin pour le Seigneur qui vient, comment l'accueillir aujourd'hui présent dans nos vies. Gardons déjà la consigne de la prière entendue dimanche dernier. Ajoutons-y l'écoute et la méditation de cette Parole de Dieu qui agit de manière efficace pour nous transformer et transformer par nous notre société. Mais pour que la route du Seigneur soit vraiment aplanie demandons-nous avec saint Paul comment progresser de plus en plus, comment traduire notre prière et notre méditation de la Parole de Dieu en actes prophétiques… C'est-à-dire en actes et en choix qui montrent au monde que nous sommes vraiment sel de la terre et lumière du monde… Dans les quelques jours qui nous séparent de la sainte nuit de Noël comment allons-nous *faire briller la différence chrétienne* au milieu d'une société bien souvent triste et désespérée ? Connaissons-nous la campagne « Vivre Noël autrement » ? Cela fait cinq ans que cette initiative a été lancée… Nos évêques réunis à Lourdes en novembre ont encouragé cette initiative de mouvements chrétiens en relevant que le « Noël des vitrines est de plus en plus précoce. Le Noël des pauvres se fait souvent attendre. Les pauvretés sont multiples. Certaines ont l'âge de l'humanité. D'autres sont générées par la société moderne. » Pour vraiment faire l'expérience de la joie de l'Avent, nous avons en effet à faire des choix, à prendre des décisions et orienter notre manière de vivre vers l'essentiel. Cette période précédant Noël nous remet devant les yeux d'une manière criante les déséquilibres de notre société. Beaucoup de lumières dans les rues, manque de lumière intérieure et spirituelle ! Apparente joie, tristesse cachée mais souvent profonde. Car notre cœur ne peut connaître la paix tant qu'il n'a pas découvert la présence du Seigneur… Nous chrétiens, nous ne pouvons pas nous contenter de vivre dans l'apparence, faire « comme si »… Nous connaissons bien la tentation permanente de notre société, tentation encore plus forte avant Noël : celle de la surconsommation à outrance, comme si le cœur de l'homme et son désir de bonheur pouvaient être comblés par des objets toujours plus nombreux et envahissants, par des gadgets inutiles…

Qui dit surconsommation dit forcément gaspillage et tout ce qui va avec ! Alors préparer les chemins du Seigneur, n'est-ce pas résister, refuser cette spirale aliénante ? N'est-ce pas faire le choix d'une vie sobre et simple ? Aplanir la route sur laquelle le Seigneur vient à notre rencontre, c'est bien faire passer l'homme avant les objets, le spirituel avant le matériel. C'est aussi partager avec joie. Etre solidaires par le partage de nos biens. Donner aussi de notre temps à tous ceux qui souffrent, qui sont oubliés, isolés. C'est aussi savoir accueillir avec reconnaissance la beauté de la création, la beauté de l'art sous toutes ses formes. C'est se cultiver non pas pour faire les pédants mais pour faire grandir en nous l'homme dans toutes ses dimensions. Et pour ce faire c'est peut-être aussi couper la télévision… Aplanir la route pour le Seigneur, c'est donc savoir apprécier avec gratitude les simples joies de notre existence humaine et laisser au silence sa place dans nos vies. *Que l'Esprit-Saint vienne féconder ce silence et tous les partages que nous vivrons dans la joie !*

Troisième dimanche de l'Avent

Luc 3, 10-18

2012

En ce troisième dimanche de l'Avent nous restons en compagnie de Jean le baptiste, celui qui a reçu pour mission de préparer le peuple d'Israël à accueillir la venue du Messie. C'est en donnant un baptême d'eau à ceux qui venaient à lui dans le désert que Jean veut préparer les cœurs. Recevoir ce baptême c'était s'engager à changer de vie. Pour accueillir la venue de Jésus dans nos vies le temps de l'Avent nous rappelle donc cette nécessité qui est celle de la conversion permanente du chrétien. Dans sa prédication aux accents remplis de violence et de menaces, Jean n'hésite pas à traiter de « race de vipères » ceux qui viennent à lui, le précurseur insiste sur la nécessité de changer de vie : « Montrez donc les fruits authentiques de la conversion ! ». Le passage que nous venons d'entendre nous montre que le peuple a bien entendu cet appel : « Que devons-nous faire ? » Après la Pentecôte et la première prédication de Pierre le peuple pose exactement la même question aux apôtres : « Frères, que devons-nous faire ? » Lorsque nous nous sommes laissé toucher par la Parole de Dieu nous nous posons forcément cette question : comment faire correspondre ma vie au message de la Parole de Dieu ? Le récit de saint Luc donne trois réponses à cette question, l'une pour répondre à la foule, les deux autres pour répondre à des groupes particuliers : les collecteurs d'impôt et les soldats.

C'est intéressant de relever cela. Il y a en effet des principes généraux, valables pour tous, qui guident notre volonté de conversion. Et puis en fonction de notre situation personnelle, de notre métier, de notre âge et de bien d'autres choses encore, l'Evangile nous donne une lumière particulière pour savoir ce que nous devons changer dans notre manière de vivre. Commençons par regarder la réponse générale donnée par Jean à la foule : « Celui qui a deux vêtements, qu'il partage avec celui qui n'en a pas ; et celui qui a de quoi manger, qu'il fasse de même ! » Jean annonce d'une manière très simple l'enseignement de Jésus sur le jugement dernier tel que nous le trouvons au chapitre 25 de l'évangile selon saint Matthieu. Et c'est d'ailleurs un juge qu'il annonce en la personne du Christ : « Il tient à la main la pelle à vanner pour nettoyer son aire à battre le blé, et il amassera le grain dans son grenier ; quant à la paille, il la brûlera dans un feu qui ne s'éteint pas ». Se convertir, donc être prêt pour le jour du jugement, c'est peu à peu être libéré de l'égoïsme pour pouvoir partager avec ceux qui se trouvent dans le besoin. Nous serons donc jugés sur notre charité. Une charité qui ne se contente pas de discours idéalistes mais qui se traduit par des actes et des choix concrets. C'est l'exhortation de saint Jean dans sa première lettre : « Mes enfants, n'aimons pas seulement en paroles, avec nos lèvres, mais en vérité, avec des œuvres ». Voilà pour le cadre général de la conversion chrétienne. Après vient la considération de chaque situation personnelle. C'est ce que fait Jean en répondant aux collecteurs d'impôts et aux soldats. A ces deux catégories de personnes il est demandé de se contenter de qu'elles gagnent, salaire ou solde, et de ne pas en vouloir plus. Notre rapport à l'argent constitue toujours une source de tentations diverses et variées. Comme le dit saint Paul la cupidité est à la racine de la plupart des maux qui frappent notre humanité. La vertu cardinale de tempérance n'est plus très à la mode. D'après le Petit Larousse c'est elle qui nous permet pourtant de discipliner les désirs et les passions humaines. On parle aussi aujourd'hui de sobriété. Nous voyons bien le lien entre l'exigence de partage et la vertu de tempérance. L'évangile de ce dimanche nous invite donc à nous regarder dans notre situation concrète même si nous ne sommes ni militaires ni fonctionnaires des impôts ! Avec la lumière et la grâce de l'Esprit Saint nous pouvons repérer ce qu'il faut changer, et dans ce changement de notre cœur et de nos attitudes nous trouverons la joie du Seigneur Jésus.

Quatrième dimanche de l'Avent

Luc 1, 39-45

2012

Le dernier dimanche du temps de l'Avent nous oriente plus directement vers la célébration de Noël qui, cette année, commencera demain soir. Marie ou Joseph sont au centre de ce dimanche. L'évangile de cette liturgie nous rapporte la visitation de Marie à Elisabeth. C'est cet événement que nous méditons dans le deuxième mystère joyeux du rosaire. Souvenons-nous de ce que l'ange avait dit à Marie lors de l'annonciation :
Et voici qu'Élisabeth, ta cousine, a conçu, elle aussi, un fils dans sa vieillesse et elle en est à son sixième mois, alors qu'on l'appelait : 'la femme stérile'. Car rien n'est impossible à Dieu.

Marie vient donc de dire « oui » à la volonté du Seigneur sur elle. Lorsqu'elle quitte Nazareth pour aller visiter Elisabeth, en Judée, elle porte déjà en elle celui qui sera appelé Jésus. La visitation ce n'est pas seulement la rencontre de deux femmes, Marie et Elisabeth, mais aussi celle de deux enfants encore dans le sein de leur mère : Jésus et Jean. Ce récit de saint Luc se déroule en l'absence d'hommes. Le prêtre Zacharie est seulement mentionné mais il ne joue aucun rôle dans cette rencontre. La visitation c'est une histoire de femmes et d'enfants même pas encore nés. Or dans le Judaïsme de ce temps, comme dans beaucoup d'autres civilisations, seuls les hommes comptaient. Ce que Jésus, plus tard, remettra en question en s'adressant aux femmes comme à des personnes adultes et autonomes ainsi qu'en accueillant et en bénissant les enfants. Tout le récit de saint Luc est traversé par la joie. Marie, et l'enfant dans son sein, apportent la joie à Elisabeth et à Jean. Cette joie est celle de l'Esprit Saint dont Elisabeth est remplie en recevant la salutation de Marie. Notons-le, Marie, la mère du Seigneur, n'a pas besoin de faire quelque chose d'extraordinaire pour répandre autour d'elle cette joie qui ne vient pas des hommes. Sa seule présence, ses simples paroles de salutation, toutes banales, suffisent à donner la joie de Dieu. Ce récit nous rappelle que porter Jésus en nous c'est toujours porter à nos frères le bonheur de Dieu. Avant même le grand mystère de l'incarnation c'est de ce bonheur dont sont comblés Elisabeth et son enfant. Dans sa joie Elisabeth nous montre aussi quel est le bonheur de Marie, celui de croire à la Parole de Dieu : « Heureuse, celle qui a cru à l'accomplissement des paroles qui lui furent dites de la part du Seigneur ». A l'autre bout de l'évangile, au moment justement de l'accomplissement final, sur le calvaire, Jésus mourant donnera sa mère à Jean et confiera Jean à sa mère. Depuis ce moment solennel Marie est aussi la mère de l'Eglise, la mère de chaque croyant. Beaucoup de saints et de saintes ont trouvé en Marie la cause de leur joie. Il en va de même pour nous. Comme Elisabeth nous pouvons être comblés de la joie de Dieu en laissant Marie entrer dans notre maison intérieure. La prière du chapelet, que Jean-Paul II affectionnait particulièrement, si elle est bien priée, si elle nous porte vraiment à méditer les mystères de Jésus avec Marie et par elle, nous permet de faire cette expérience merveilleuse de la douce joie chrétienne et de la paix venant de l'Esprit-Saint.

Ce récit de la visitation peut être aussi interprété à un niveau allégorique. Il est la rencontre d'une jeune fille vierge et d'une femme âgée et stérile. Marie représente la nouveauté de l'Alliance qui va commencer à partir de Noël. Elisabeth, femme d'un prêtre officiant dans le temple, représente quant à elle l'ancienne Alliance. En poursuivant cette comparaison on comprend alors que seule la nouvelle Alliance peut apporter à l'ancienne la joie de Dieu. Car seul Jésus dans le mystère de sa naissance et de toute sa vie vient accomplir les promesses de la première alliance. C'est ce que semblent avoir compris les Juifs messianiques qui, tout en restant fidèles au Judaïsme, reconnaissent en Jésus le Messie de Dieu. La deuxième lecture nous parle du Christ qui « supprime l'ancien culte pour établir le nouveau ». Avant même la naissance du Fils de Dieu à Bethléem ce sont deux femmes et deux enfants qui, dans leur rencontre, annoncent ce culte nouveau en esprit et en vérité. Dans ce culte la foi de l'homme et l'action de l'Esprit se conjugueront d'une manière admirable pour que notre humanité puisse être recréée.

Messe de la nuit de Noël

Luc 2, 1-14

2008

Année 2027. Plus d'enfant, plus de futur, plus d'espoir : depuis 18 ans, aucune naissance n'a eu lieu... Tel est le sombre scénario du film « Les fils de l'homme » réalisé en 2006 par Alfonso Cuaron... En cette nuit de la Nativité, nous fêtons la naissance du plus beau des enfants de l'homme, Jésus, le Fils de l'homme. Noël nous renvoie d'abord au miracle de la vie. Noël nous tourne vers Dieu notre Père, vers Dieu créateur, source de toute vie. Notre vie est un miracle, peut-être l'oublions-nous trop facilement... En cette sainte Nuit la tradition veut que nous nous échangions des cadeaux. Le premier et le plus beau des cadeaux c'est Dieu notre Père qui nous l'offre : c'est tout simplement le fait que, comme Jésus, nous soyons venus au monde. Notre existence est en effet un merveilleux cadeau. Nous sommes créés de manière unique à l'image de Dieu. C'est dire toute la dignité et la valeur de notre vie. En notre personne, quelles que soient nos faiblesses, nos défauts, nos péchés, Dieu est présent. C'est ce qui fait de notre vie une histoire sacrée. Nous sommes les témoins vivants d'un Dieu Père et Créateur. C'est pour cette raison que toute atteinte à la vie humaine est un grave péché contre Dieu. Chris Mc Candless, le personnage principal du film *Into the wild,* avait écrit dans son carnet de notes: « *Chaque jour sur cette terre est un bon jour* ». Célébrer Noël, c'est dans un premier temps célébrer la beauté de notre vie et de notre vocation humaines. C'est faire mémoire de la bonté de la création, oui, *Dieu vit que cela était très bon* ! Que l'enfant de Bethléem ouvre nos yeux et notre cœur pour que nous comprenions à quel point *chaque jour sur cette terre est un bon jour*... Il ne s'agit pas pour nous de faire comme si les difficultés n'existaient pas, mais il s'agit de reconnaître la bonté de notre condition de créatures. Noël nous pousse fortement à dire « merci » à Dieu et à nos parents, à retrouver le chemin de la louange et de la gratitude, en une époque où tout nous pousserait à gémir et à nous plaindre !

Mais Noël ne saurait se limiter à une célébration émerveillée du don de la vie. Avec le mystère de l'incarnation, nous allons encore plus loin dans la compréhension de ce que nous sommes. L'enfant dans la mangeoire est un signe donné aux bergers comme à nous aujourd'hui. Sans parler il nous dit que Dieu notre Père épouse notre humanité. En Jésus, Dieu se lie pour toujours à chaque homme et à chaque femme. Noël c'est le commencement d'une nouvelle Alliance entre Dieu et chacun d'entre nous. Une Alliance définitive, forte, irréversible. Du côté de Dieu, il n'y a pas de marche arrière possible. Des fois il nous arrive de nous plaindre à notre prochain en lui disant : « *Si tu étais à ma place, tu me comprendrais !* » Eh bien non seulement Dieu s'est mis à notre place, mais il est devenu en son Fils l'un de nous, il s'est fait notre frère en humanité en toutes choses, à l'exception du péché. Depuis cette nuit de Bethléem au cours de laquelle la Parole de Dieu a pris chair de la Vierge Marie, tout

en nous prend une nouvelle valeur, une dignité nouvelle. Par le mystère de l'incarnation, Dieu sanctifie le temps et l'espace. Depuis Noël toute terre est sainte, tout moment de l'Histoire et de notre histoire est sacré. Depuis Noël nous sommes véritablement entrés dans un temps de grâce et de renouveau. Si nous avons à sanctifier le temps de notre existence, c'est pour, en des moments privilégiés, prendre conscience que notre vie est déjà sanctifiée tout entière par le mystère de l'incarnation. Par la prière et par le respect du jour du Seigneur, le dimanche, nous offrons à Dieu un espace dans lequel il vient nous redire son amour. En contemplant le nouveau-né dans la mangeoire, vrai Dieu et vrai homme, comment ne pas saisir notre immense dignité aux yeux de Dieu, la place unique que nous tenons dans son cœur, et cela de manière personnelle ? Dans la banalité de notre vie quotidienne, nous devons saisir en tant que chrétiens toute la valeur de ce que nous vivons. Et justement, malgré les apparences et la routine, nous devrions comprendre que notre quotidien est tout sauf banal. Puisqu'il est le lieu de la communion avec Dieu par le Christ dans l'Esprit. Si dans notre quotidien, nous voulons être forts, regardons l'enfant de la mangeoire ! Il est le Dieu fort ! Notre vraie force ne consiste pas dans le pouvoir, la domination ou encore l'ambition ou le carriérisme. Mais bien dans la profondeur de notre vie de communion avec Jésus, Fils de Dieu. Comment, *en vivant vraiment unis à Lui, comme Lui s'est uni à nous*, pourrions-nous encore avoir peur ? Notre force dépend de notre foi. Si dans notre quotidien, nous voulons être libres, regardons encore l'enfant dans la mangeoire ! C'est dans la pauvreté, la simplicité et l'humilité que Dieu nous donne son Fils. Nous trouverons davantage notre liberté dans la vérité de notre vie que dans la recherche des biens ou des objets extérieurs à notre personne. L'enfant de la crèche nous ouvre un chemin d'humilité, c'est-à-dire de vérité sur nous-mêmes. Il nous invite à nous débarrasser de nos masques et de nos apparences pour vivre jour après jour comme des créatures bien-aimées du Père. Vivre libres c'est rechercher en toutes choses la volonté de Dieu. La grâce de Noël en nous apprenant à bien vivre nous donne aussi le sens de notre mort. Lorsque nous parviendrons au terme de notre vie terrestre, puissions-nous faire nôtres les paroles de Chris Mc Candless : « *J'ai eu une vie heureuse, et j'en remercie le Seigneur. Au-revoir, et que Dieu vous bénisse tous !* »

La sainte famille

Luc 2, 41-52

2012

Dans la lumière du temps de Noël la liturgie nous invite à contempler la sainte famille de Jésus, Marie et Joseph. Le mystère de l'incarnation a pour conséquence que le Fils de Dieu, lui aussi, a eu une famille humaine dans laquelle il a été accueilli, il a grandi et a été éduqué. Une famille certes un peu particulière puisque Joseph n'est pas le géniteur de Jésus. Une famille un peu unique dont tous les membres sont saints. Il est intéressant de relever que cette sainteté n'enlève rien au caractère véritablement humain de la famille de Jésus. Les évangélistes qui nous parlent de certains aspects de l'enfance du Christ, Matthieu et Luc, ne nous présentent pas une famille vivant dans une béatitude parfaite, exemptée des difficultés ordinaires des hommes. La vie de la sainte famille ne ressemble pas aux représentations qu'en donnent les images pieuses à l'eau de rose. Certains peintres qui étaient de véritables artistes ont représenté les membres de la sainte famille d'une manière beaucoup plus réaliste, je pense en particulier au Caravage qui, à son époque, a fait scandale… Tellement on avait oublié, dans les mentalités, pas dans la profession de foi bien sûr, la véritable humanité du Fils de Dieu et de sa famille. L'évangile de ce dimanche est le seul témoignage que nous ayons sur cette longue période de la vie cachée de Jésus, se situant entre sa naissance et son baptême dans les eaux du Jourdain. Nous savons par saint Luc que Marie et Joseph étaient de bons Juifs pratiquants et qu'ils respectaient à ce titre les traditions religieuses, dont le pèlerinage annuel à Jérusalem pour la fête de la Pâque. Mais voilà que le jeune Jésus, âgé de 12 ans, vient bouleverser les traditions, déjà… Au lieu de se contenter de faire le pèlerinage comme tout le monde il décide de rester à Jérusalem non pas pour y faire une fugue mais pour parler dans le Temple avec les docteurs de la Loi.

Cet enfant leur pose des questions. Il ne se contente pas de suivre pieusement la coutume. Il veut comprendre et approfondir. Il montre sa curiosité et son avidité de savoir. Il semble aussi, situation surprenante, qu'il ait répondu avec une intelligence remarquable aux questions des savants religieux. Dès l'âge de 12 ans il met en pratique ce dialogue du salut qui marquera toutes les rencontres qu'il fera pendant son ministère public bien des années plus tard. Dans le cadre de la coutume voilà donc du nouveau qui apparaît. Ses parents bien sûr se sont inquiétés de ne pas le trouver dans la caravane du retour vers Nazareth. Et c'est Marie qui se fait la porte-parole de cette inquiétude lorsqu'il est enfin retrouvé dans le Temple : « Pourquoi nous as-tu fait cela ? Vois comment nous avons souffert en te cherchant ». Cela devrait rassurer tous les parents de constater que le jeune Jésus, lui aussi, parfaitement saint, a fait souffrir ses parents. Dans la réponse de cet adolescent nous trouvons un reproche à peine voilé : « Comment se fait-il que vous m'ayez cherché ? Ne le saviez-vous pas ? » Quant à la réponse elle-même, « C'est chez mon Père que je dois être », elle n'a pas satisfait les pauvres parents tourmentés par l'attitude étrange de leur enfant. Ils n'ont même pas pu comprendre le sens de cette déclaration. Dans la sainte famille il y a donc eu de l'incompréhension entre Jésus et ses parents. C'était bien une famille humaine comme les nôtres. Comme nous le voyons la sainteté ne supprime pas l'humanité dans les relations familiales. Ce que le jeune Jésus déclare dans le Temple, lieu de la présence divine, aurait dû rappeler à sa mère la révélation de l'ange lors de l'annonciation. Son enfant a Dieu pour Père. Il a été enfanté en elle par la puissance de l'Esprit Saint. Mais au-delà du cas unique de la sainte famille c'est une belle occasion de méditation pour tous les parents chrétiens : « C'est chez mon Père que je dois être ». Les parents chrétiens doivent se souvenir qu'ils n'ont pas donné la vie. Ils l'ont transmise en collaborant à l'œuvre de Dieu créateur. En ce sens la célèbre formule de Khalil Gibran, « vos enfants ne sont pas vos enfants », est exacte. Transmettre la vie c'est s'engager à ne pas posséder ses enfants. Les parents qui l'oublient et ne respectent pas la juste liberté et autonomie de leurs enfants seront bien vite rappelés à la réalité par les événements. Dans ce récit le jeune Jésus témoigne de sa liberté en même temps qu'il demeure soumis à ses parents. C'est une tâche délicate et difficile pour les parents chrétiens de susciter la liberté de leurs enfants tout en exigeant d'eux le respect. Notre évangile se termine par une phrase qui pourrait constituer un programme parfait pour tous les éducateurs de jeunes : « Quant à Jésus, il grandissait en sagesse, en taille et en grâce sous le regard de Dieu et des hommes ».

Epiphanie du Seigneur

Matthieu 2, 1-12

2013

C'est par l'évangéliste Matthieu que nous connaissons l'épisode de la visite des mages d'Orient à l'enfant Jésus. Alors que l'évangéliste Luc met en avant la présence des bergers à la crèche Matthieu donne de l'importance à la venue des mages. On peut penser que les mages sont venus bien après les bergers. L'évangile de cette fête ne nous parle pas de crèche mais de maison. Joseph et Marie ont dû trouver un logement plus confortable avant de s'en retourner à Nazareth. Il existe un grand contraste entre les bergers et les mages. Les uns sont pauvres et illettrés, les autres sont riches et savants. La naissance de Jésus à Bethléem a ce merveilleux pouvoir de les unir dans un même acte d'adoration. Mais il y a aussi un autre point commun entre les bergers et les mages. Aux yeux du Judaïsme de cette époque ce sont des personnes méprisées. Les mages ne sont pas seulement des non-Juifs, ils sont aussi mages. En ce temps-là la différence entre astronome et astrologue n'était pas aussi précise que de nos jours. Ecoutons comment Isaïe, s'adressant à Babylone, ridiculise les astrologues de cette grande ville d'Orient : « Reste donc avec tes sortilèges, et tes nombreuses sorcelleries, sur lesquelles tu t'es fatiguée depuis ta jeunesse ; voyons si elles te seront utiles, si tu pourras faire peur au malheur ! Tu t'es fatiguée en consultations de toute sorte : qu'ils se lèvent maintenant et qu'ils te sauvent, ceux qui inspectent le ciel, qui étudient les étoiles, pour te faire savoir chaque mois ce qui doit arriver. Mais ils seront comme la paille, un feu les dévorera, ils ne se sauveront pas des flammes ». Nous le savons, l'Epiphanie est la fête de l'universalité du salut, une fête qui annonce l'Eglise catholique. L'enfant Jésus attire et accueille auprès de lui les bergers comme les mages.

Il est là pour tous, ignorants et savants, pauvres et riches, et même pour ceux qui ne font pas partie de son peuple. Il accueille ceux que le Judaïsme méprisait et excluait à cause de leur profession. Le récit de saint Matthieu se déroule en deux temps : le premier à Jérusalem auprès du roi Hérode, le second à Bethléem auprès de l'enfant et de sa mère. L'itinéraire des mages va donc les conduire de ce roi terrestre à celui qu'ils nomment le roi des Juifs. Ils viennent de loin : géographiquement parlant et spirituellement parlant. Ils viennent de l'Orient et du paganisme. Ce qui a fait du long voyage des mages un succès ce sont trois signes : l'étoile, les Ecritures et un songe. Tout a commencé chez eux avec le signe de l'étoile qu'en tant que spécialistes des astres ils ont su reconnaître. Admirons la manière que Dieu utilise pour leur parler, pour nous parler. Dieu utilise en effet une langue que nous sommes capables de comprendre pour nous attirer à Lui. Ils étaient astrologues, Dieu leur donne l'étoile. Il en va de même pour nous. Dieu ne nous parle pas seulement par la Bible mais aussi par tout ce qui nous passionne et nous motive dans notre vie humaine. Il semble bien que Dieu ait utilisé quelque chose de mauvais, l'astrologie, pour finalement conduire les mages auprès de l'enfant. Mais l'étoile ne suffit pas. D'où le passage à Jérusalem qui est un passage par le signe des Ecritures. Ici le peuple Juif, sans le savoir, joue son rôle. Si Dieu a choisi ce peuple ce n'est pas d'abord pour lui-même mais pour qu'à travers lui les païens eux-aussi puissent recevoir la lumière de la Parole divine. Nous apprenons aussi du séjour des mages à Jérusalem que la connaissance des Ecritures ne suffit pas. En effet les chefs des prêtres et les scribes d'Israël connaissaient le lieu de la naissance du Messie, mais seuls les bergers et les mages lui ont rendu visite à sa naissance. Enfin le dernier signe utilisé par Dieu est celui du songe. Saint Matthieu nous montre dans le même évangile comment Dieu a guidé Joseph par des songes. Et dans l'Ancien Testament c'est une méthode fréquemment utilisée pour donner aux hommes des directives. Ce signe nous montre que Dieu, créateur de tous, ne fait pas de différences entre les hommes. Joseph, membre éminent du peuple élu, et les mages, païens orientaux, sont de la même manière guidés par Dieu. Oui, « les païens sont associés au même héritage, au même corps, au partage de la même promesse, dans le Christ Jésus, par l'annonce de l'Evangile ».

Baptême du Seigneur

Luc 3, 15-16.21-22
2010

C'est avec la fête du baptême du Seigneur que s'achève le temps de Noël. Et c'est donc dans la lumière de la Nativité que nous sommes invités à contempler le baptême de Jésus par Jean dans les eaux du Jourdain. Le mystère de la crèche nous donne en effet le sens profond de ce qui se passe aux bords du Jourdain.
Nous pouvons comprendre le baptême de Jésus comme une double naissance. De la manière la plus évidente, Jésus « naît » en ce jour à sa mission de Sauveur puisque c'est par son baptême qu'il inaugure, après les longues années de sa vie cachée, son ministère et sa prédication : « Moi, aujourd'hui, je t'ai engendré ». Nous savons que Jésus en tant que Fils de Dieu, Verbe du Père, est engendré depuis toute éternité et qu'il n'a pas de commencement dans le temps. Si en ce jour il reçoit l'Esprit Saint, c'est bien en son humanité et comme pour marquer le début de sa mission publique. Les paroles du Père et le don de l'Esprit constituent un envoi en mission. La scène du baptême rappelle que Jésus est vraiment l'envoyé du Père et qu'il est venu parmi nous pour accomplir en toutes choses la volonté du Père. C'est toute la Trinité qui se rend ainsi présente à la mission du Fils de Dieu dans son humanité. Les contemporains du Christ n'ont vu que Jésus, le Fils unique et bien-aimé, mais à travers toutes ses paroles et toutes ses actions, le Père et l'Esprit étaient aussi présents, à l'œuvre pour accomplir dans et par le Christ la merveille de notre salut.

La fête de ce jour nous redit aussi le pourquoi de l'incarnation. Ce qui s'est passé de manière unique dans la nuit de Bethléem n'a qu'un but : que tout homme, toute femme en ce monde puisse devenir réellement fils, fille de Dieu. Ou pour le dire autrement le but de l'incarnation, c'est notre adoption filiale. Et c'est précisément par le sacrement de baptême, le baptême chrétien donné dans l'Esprit Saint et dans le feu, que nous sommes adoptés par Dieu comme ses fils. Non seulement au jour de notre baptême, mais aujourd'hui, c'est-à-dire dans le présent de notre vie chrétienne, nous entendons les paroles que le Père a adressées à Jésus, son Fils unique : « C'est toi mon fils ». Et c'est dans ce sens que nous percevons *une seconde naissance lors du baptême du Seigneur*. A Noël, c'est la tête du corps ecclésial qui naît de la Vierge Marie. Au jour du baptême, ce sont déjà tous les membres de l'Eglise Corps du Christ qui renaissent à une vie nouvelle. Et il faudra attendre le jour de la Pentecôte pour que ce mystère s'accomplisse en plénitude avec la naissance de l'Eglise en tant que telle. *La fête de ce jour nous invite donc à contempler ces trois naissances intimement liées entre elles* : naissance du Sauveur à Noël, naissance des chrétiens en lui au moment du baptême, naissance des chrétiens dans l'Eglise-Mère au jour de la Pentecôte. Remarquez bien que toutes ces naissances s'accomplissent par la puissance de l'Esprit Saint ! C'est l'Esprit qui féconde le sein de la Vierge Marie.

C'est l'Esprit qui annonce notre adoption filiale en descendant sur Jésus sous la forme d'une colombe. C'est encore le même Esprit qui, en se manifestant par des langues de feu, nous rassemble dans l'Eglise et nous envoie dans le monde à la suite du Christ Ressuscité !
Dans cette perspective la deuxième lecture prend tout son sens :
« Par le bain du baptême, il nous a fait renaître et nous a renouvelés dans l'Esprit Saint. Cet Esprit, Dieu l'a répandu sur nous avec abondance, par Jésus Christ notre Sauveur ; ainsi, par sa grâce, nous sommes devenus des justes, et nous possédons dans l'espérance l'héritage de la vie éternelle. »

Célébrer le baptême du Seigneur, c'est donc célébrer notre renouvellement par la puissance de l'Esprit, notre nouvelle naissance à la vie des fils et filles de Dieu. C'est comprendre non seulement par la raison mais aussi intérieurement, par le cœur, que le Père nous adresse réellement aujourd'hui cette parole : « C'est toi mon fils ». Comment pouvons-nous vivre davantage cette réalité de notre baptême ? Tout d'abord par notre fidélité à la prière personnelle et à la vie sacramentelle. C'est dans la mesure où nous désirons et accueillons la présence de Dieu Trinité en nous et dans nos vies que nous vivons vraiment de la vie divine reçue au baptême. La vie spirituelle, c'est-à-dire la vie de l'Esprit Saint en nous, ne peut se limiter à la pratique de la messe dominicale. Elle a besoin pour être réelle de temps privilégiés de rencontre avec le Seigneur chaque jour. Nous pouvons aussi nous demander quelle place tient le Saint Esprit dans notre vie chrétienne et dans notre vie spirituelle. Le prions-nous ? L'invoquons-nous régulièrement et avec confiance ? Un autre moyen essentiel de vivre notre baptême, c'est bien sûr de faire passer notre vie spirituelle dans nos choix et dans nos actes. Nous avons là un critère certain pour savoir si notre baptême dort en nous ou au contraire s'il est bien vivant... Cette fête nous demande de *réveiller en nous la grâce de notre baptême* pas seulement avec un vague désir mais avec la ferme résolution d'agir selon la volonté du Seigneur. Nous sommes des chrétiens éveillés si notre baptême porte des fruits concrets dans notre vie. Nous sommes des fils pour Dieu aujourd'hui si nous rayonnons son Amour.

2ᵉᵐᵉ dimanche du temps ordinaire

Jean 2, 1-11

2010

Après la fête du baptême du Seigneur, l'Eglise nous propose en ce dimanche l'Evangile des noces de Cana. Saint Jean rapporte dans son Evangile seulement sept signes ou miracles de Jésus. Le changement de l'eau en vin à l'occasion d'un mariage en Galilée est le premier de ces sept signes. Seul saint Jean le mentionne dans son Evangile.
Avant d'entrer dans le sens profond de ce miracle, regardons ce qu'il nous dit de Jésus. Jésus est chez lui en Galilée, il est le nazaréen. Et voilà qu'on l'invite avec ses disciples à un repas de noces. Les Evangiles nous montrent très souvent *Jésus participant à des repas*. Nous le voyons par exemple manger dans la maison de Lévi après l'avoir appelé à sa suite : Comme il était à table dans sa maison, beaucoup de publicains et de pécheurs vinrent prendre place avec Jésus et ses disciples, car il y avait beaucoup de monde. Même les scribes du parti des pharisiens le suivaient aussi, et, voyant qu'il mangeait avec les pécheurs et les publicains, ils disaient à ses disciples : « Il mange avec les publicains et les pécheurs ! » Jésus, qui avait entendu, leur déclara : « Ce ne sont pas les gens bien portants qui ont besoin du médecin, mais les malades. Je suis venu appeler non pas les justes, mais les pécheurs. » Comme les disciples de Jean Baptiste et les pharisiens jeûnaient, on vient demander à Jésus : « Pourquoi tes disciples ne jeûnent-ils pas, comme les disciples de Jean et ceux des pharisiens ? » Jésus répond : « Les invités de la noce pourraient-ils donc jeûner, pendant que l'Époux est avec eux ? Tant qu'ils ont l'Époux avec eux, ils ne peuvent pas jeûner. Mais un temps viendra où l'Époux leur sera enlevé : ce jour-là ils jeûneront. Personne ne raccommode un vieux vêtement avec une pièce d'étoffe neuve ; autrement la pièce neuve tire sur le vieux tissu et le déchire davantage. Ou encore, personne ne met du vin nouveau dans de vieilles outres ; autrement la fermentation fait éclater les outres, et l'on perd à la fois le vin et les outres. A vin nouveau, outres neuves. »

Cette longue citation du chapitre 2 de saint Marc a l'avantage de bien nous introduire au sens des noces de Cana. Tout d'abord le Seigneur n'avait rien d'un prophète grincheux et sévère, et ses disciples non plus. Jésus n'était pas janséniste ! Il vivait pauvrement et simplement mais il n'était pas un ascète pratiquant des pénitences permanentes. Il savait partager les joies simplement humaines comme celle d'un bon repas. Et cela faisait scandale car il osait même s'attabler en compagnie de personnes de mauvaise réputation ou rejetées par la bonne société religieuse de son temps. Jésus avait bien conscience de la mauvaise réputation provoquée par son attitude à l'occasion des repas qu'il prenait bien volontiers avec les uns et les autres : Le Fils de l'homme est venu : il mange et il boit, et l'on dit : 'C'est un glouton et un ivrogne, un ami des publicains et des pécheurs.'

Dans le récit des noces de Cana, c'est la mère de Jésus qui est citée en premier. Jean ne l'appelle jamais Marie, mais toujours dans cet Evangile *la mère de Jésus*. Cela souligne la dépendance très forte de Marie vis-à-vis de son divin Fils. C'est elle qui constate le manque de vin et qui va provoquer malgré le refus apparent de son Fils le premier miracle. Marie est exaucée tout d'abord parce qu'elle fait toujours la volonté de Dieu. Son existence est parfaitement accordée à la volonté de Dieu. Elle est aussi exaucée parce que sa prière est pleine de confiance et de persévérance. Et Jésus finit par lui obéir en réalisant le signe en faveur des convives ! Cela signifie que Jésus écoute toujours ceux qui font la volonté de Dieu. Cela signifie qu'il exauce toujours la prière confiante et persévérante lorsqu'elle correspond au projet de Dieu.

Car le premier signe de Jésus nous révèle bien, et c'est là son sens profond, un aspect essentiel du plan de Dieu pour notre humanité. Les paroles du maître du repas au marié (l'époux) sont significatives : « Tu as gardé le bon vin jusqu'à maintenant ». L'époux des noces de Cana représente Dieu ou Jésus lui-même. Et l'épouse c'est notre humanité ou l'Eglise. C'est donc à l'occasion de ce repas de mariage que Jésus nous révèle un passage fondamental : celui de l'Ancienne Alliance à l'Alliance nouvelle et éternelle. Les six cuves de pierre pour les ablutions rituelles des Juifs représentent cette Ancienne Alliance et ce culte ancien. Le bon vin, le vin nouveau, pour reprendre l'expression de saint Marc citée plus haut, est celui de l'Alliance nouvelle et éternelle scellée dans le sang du Christ. N'oublions pas que c'est Marie, la mère de Jésus, qui nous introduit à la joie de la Nouvelle Alliance, et qui anticipe, de fait, l'Heure de Jésus : ce moment où il s'offrira lui-même en sacrifice sur le bois de la Croix. Le bon vin des noces de Cana est donc aussi une annonce du vin de l'eucharistie, ce vin nouveau qui par la puissance de l'Esprit sera donné à l'Eglise comme le sang du Christ : « le sang de l'Alliance nouvelle et éternelle qui sera versé pour vous et pour la multitude en rémission des péchés ». En réalisant sur la demande de sa mère ce premier signe le Seigneur accomplit déjà ce que Jean annonçait dans le prologue de son Evangile :
Tous nous avons eu part à sa plénitude, nous avons reçu grâce après grâce :
Après la Loi communiquée par Moïse, la grâce et la vérité sont venues par Jésus Christ.

3ème dimanche du temps ordinaire (pour l'unité des chrétiens)
1 Corinthiens 12, 12-30
2010

Nous voici parvenus au terme de *la semaine de prière pour l'unité des chrétiens*. Au cours de cette messe nous prions à cette grande intention de l'Eglise. Parmi les lectures bibliques de cette liturgie, la deuxième lecture nous permet de méditer sur l'Eglise, corps du Christ, avec saint Paul. « Dieu a voulu qu'il n'y ait pas de division dans le corps, mais que les différents membres aient tous le souci les uns des autres. » L'Apôtre nous rappelle dans ce contexte la volonté de Dieu notre Père : que tous ses enfants soient unis dans un même amour et une même vérité dans l'unique Corps du Christ. Historiquement les chrétiens ont malheureusement été infidèles à cette volonté de Dieu, autant pour des raisons politiques que pour des raisons de divergences quant à la foi. Et même à l'intérieur de l'Eglise catholique il nous est parfois bien difficile de vivre cette unité, cette communion des cœurs. La désunion des chrétiens est le signe que nous donnons bien souvent la priorité à nos opinions humaines plutôt qu'à la volonté de Dieu pour nous qui est la sainteté de ses enfants. Et certainement le diable y est pour quelque chose…

La comparaison de Paul (L'Eglise est comme un corps humain, elle est le Corps du Christ) peut nous aider à avoir *une vision vraiment chrétienne de l'Eglise et de son unité*. Au fondement de la réflexion de l'apôtre nous trouvons l'affirmation de l'égale dignité qui existe entre tous les baptisés : « Tous, Juifs ou païens, esclaves ou hommes libres, nous avons été baptisés dans l'unique Esprit pour former un seul corps. Tous nous avons été désaltérés par l'unique Esprit. » Pour Paul cette vérité est tellement importante qu'il n'hésite pas à en reparler dans deux autres passages de ses lettres ! Tout d'abord dans *la lettre aux Galates* : « En effet, vous tous que le baptême a unis au Christ, vous avez revêtu le Christ ; il n'y a plus ni juif ni païen, il n'y a plus ni esclave ni homme libre, il n'y a plus l'homme et la femme, car tous, vous ne faites plus qu'un dans le Christ Jésus. » Et aussi dans *la lettre aux Colossiens* : « Alors, il n'y a plus de Grec et de Juif, d'Israélite et de païen, il n'y a pas de barbare, de sauvage, d'esclave, d'homme libre, il n'y a que le Christ : en tous, il est tout. » L'insistance de saint Paul ne peut nous laisser indifférents. Le seul et unique fondement de l'unité des chrétiens dans le Corps du Christ c'est bien le baptême. Ce qui signifie que l'unité est un don de Dieu, un don qui correspond avec le don de sa propre vie divine par le baptême. Nous sommes baptisés au Nom du Père et du Fils et du Saint Esprit, que nous soyons catholiques, orthodoxes ou protestants. Donc par le baptême nous sommes unis à la parfaite communion qui, en Dieu, unit les trois personnes divines. Pour Paul c'est ce don de Dieu qui est fondamental et qui fait passer toutes les autres réalités humaines au second plan (race, sexe, condition sociale etc.). L'unité est brisée ou menacée chaque fois que nous remettons au premier plan ces divisions humaines. Chaque fois que nous perdons de vue la catholicité de l'Eglise, son universalité. Chez tous les chrétiens, il a existé ou il existe encore la tentation orgueilleuse d'une religion nationale ou patriotique par exemple, ce qui est incompatible avec le sacrement de baptême. Le différend entre la Rome catholique et l'Orient orthodoxe résulte au fond d'un orgueil blessé, d'une volonté des uns et des autres d'avoir la suprématie sur l'Eglise. « Que les différents membres aient tous le souci les uns des autres. Si un membre souffre, tous les membres partagent sa souffrance ; si un membre est à l'honneur, tous partagent sa joie. » Nous le voyons, Paul ne parle pas de domination des uns sur les autres, mais de communion fraternelle.

« Dieu a organisé le corps de telle façon qu'on porte plus de respect à ce qui en est le plus dépourvu ». Cette affirmation de l'Apôtre est importante, mais la traduction liturgique ne nous aide pas vraiment à en saisir la portée. Dans la *Bible Osty* nous lisons : « Dieu a disposé le corps de manière à donner davantage d'honneur à ce qui en manque ». Et dans la *Bible des peuples* : « Quand Dieu a modelé le corps, il a pris soin davantage de ceux qui sont les derniers ». Ce qui signifie encore une fois que dans l'Eglise il ne peut y avoir de hiérarchie de domination. Ce qui serait la négation de l'égale dignité des enfants de Dieu reçue au baptême. Mais seulement un service de l'unité du corps tout entier en vue de sa croissance. Bien des divisions dans l'Eglise ont été provoquées par les responsables de l'Eglise ou par le comportement scandaleux de la hiérarchie qui faisait passer ses intérêts et ses privilèges avant sa mission propre. Le protestantisme est en partie né de ce scandale. L'unité des chrétiens ne se réalisera en tant que don de Dieu que si chaque Eglise remet à la première place les humbles et les petits. Que dans la mesure où les responsables de chaque Eglise adopteront une attitude vraiment évangélique qui est celle du service désintéressé. Le ministère des apôtres est le plus important, le premier dans l'Eglise. Paul nous le rappelle en plaçant malicieusement les miracles et le don des langues en dernier dans la liste des charismes. C'est justement à cause de son importance au service de l'unité que ce ministère hérité des Apôtres doit être purifié de tout intérêt, de toute ambition et de tout carriérisme. Car c'est cela qui a sapé dans l'histoire l'unité des chrétiens. Les papes Jean XXIII et Paul VI l'ont bien compris en redonnant à leur ministère au service de la communion sa belle simplicité évangélique. A nous, catholiques, de faire en sorte que cette impulsion de l'Esprit issue du dernier Concile s'incarne toujours davantage dans la vie de nos diocèses et de nos communautés paroissiales. *Pour que l'égale dignité entre tous les baptisés ne soit pas une belle idée, mais ce qui se vit réellement dans nos relations quotidiennes, nous qui sommes les membres variés, avec des missions différentes, de l'unique Corps du Christ !*

4ème dimanche du temps ordinaire

Luc 4, 21-30

<u>2010</u>

En ce temps de notre année chrétienne, après Noël et avant le Carême, les Evangiles du dimanche nous font contempler la personne de Jésus. Et sous la conduite de saint Luc nous nous posons la question : qui est-il ? Bien sûr nous connaissons déjà la réponse à cette question par notre profession de foi puisque nous sommes chrétiens. Mais l'Evangile nous invite à *refaire pour nous-mêmes cet itinéraire de redécouverte de Jésus, de son identité et surtout de sa mission*. Notre profession de foi nous dit l'essentiel sur la personne du Christ mais n'oublions pas qu'elle est un résumé, et que par conséquent elle ne nous dit pas tout. Certains textes évangéliques ont une telle richesse de contenu que la liturgie nous les propose sur deux dimanches. C'est bien le cas de ce chapitre 4 de saint Luc qui nous présente l'ouverture solennelle du ministère public de Jésus dans la synagogue de la ville où il a grandi : Nazareth. Dimanche dernier nous avons entendu la première partie de ce récit. Jésus a lu un passage du prophète Isaïe et a fait comprendre à ses auditeurs que c'est *de Lui* qu'Isaïe parlait, il s'est identifié au personnage décrit par le prophète : L'Esprit du Seigneur est sur moi parce que le Seigneur m'a consacré par l'onction. Il m'a envoyé porter la Bonne Nouvelle aux pauvres.

Jésus, sans le dire directement, se révèle donc comme le Messie, un Messie envoyé par Dieu spécialement pour les plus pauvres du peuple, et envoyé pour porter une Bonne Nouvelle. La suite du récit dans la synagogue, notre Evangile de ce dimanche, va compléter le portrait de Jésus. Il n'est pas seulement le Messie, il est aussi Prophète. Une fois encore c'est de manière indirecte qu'il affirme sa mission prophétique : Amen, je vous le dis : aucun prophète n'est bien accueilli dans son pays. Si l'Eglise nous donne comme première lecture la vocation du prophète Jérémie, c'est bien parce que Jésus s'identifie à toute la tradition prophétique qui l'a précédé. On peut même dire que dans sa personne il récapitule toute la mission des prophètes et la porte à son achèvement car il est lui-même la Parole de Dieu. *Il ne se contente pas d'être le messager de la Bonne Nouvelle, il est en lui-même cette Bonne Nouvelle.* Alors regardons un peu notre première lecture car ce qui concerne Jérémie nous aide à mieux comprendre la mission du Christ.
Moi, je fais de toi aujourd'hui une ville fortifiée, une colonne de fer, un rempart de bronze, **pour faire face** à tout le pays, aux rois de Juda et à ses chefs, à ses prêtres et à tout le peuple.
La mission de Jérémie est difficile : il doit *faire face* aux plus hautes autorités de son peuple : politiques et religieuses. Tout prophète souffre car il rappelle la vérité de la Parole de Dieu aux puissants de ce monde comme aux chefs religieux. Jésus, lui aussi, pendant les 3 années de son ministère, aura à affronter les chefs du peuple et les autorités religieuses. Dans le même Evangile selon saint Luc, c'est le Seigneur

lui-même qui donne à sa mort en croix un sens prophétique, il meurt comme tous les autres prophètes qui l'ont précédé :
A ce moment-là, quelques pharisiens s'approchèrent de Jésus pour lui dire : « Va-t-en, pars d'ici : Hérode veut te faire mourir. » Il leur répliqua : « Allez dire à ce renard : Aujourd'hui et demain, je chasse les démons et je fais des guérisons ; le troisième jour, je suis au but. Mais il faut que je continue ma route aujourd'hui, demain et le jour suivant, car il n'est pas possible qu'un prophète meure en dehors de Jérusalem. Jérusalem, Jérusalem, toi qui tues les prophètes, toi qui lapides ceux qui te sont envoyés, combien de fois j'ai voulu rassembler tes enfants comme la poule rassemble ses poussins sous ses ailes, et vous n'avez pas voulu !

Dans la synagogue de Nazareth commence ce conflit qui en grandissant ira jusqu'à la Croix. Jérémie était un « *prophète pour les peuples* ». Et Jésus prend le même chemin en faisant remarquer que sa mission, comme celle d'Elie et d'Elisée autrefois, ne se limite pas au seul peuple Juif et encore moins à ses compatriotes de Nazareth qui veulent lui faire faire quelques miracles. C'est ce refus d'une religion nationaliste, limitée à un seul peuple privilégié au détriment des autres, qui va faire passer l'auditoire de la synagogue de l'admiration à la colère : « Tous devinrent furieux ». *Jésus Messie et Prophète nous met donc en garde.* Comme les Juifs d'autrefois, nous pourrions reproduire en tant que catholiques cette tentation d'une religion ghetto, « entre nous », ou encore d'une religion nationaliste. Par exemple des chrétiens allemands et français, pendant les conflits qui ont opposé leurs pays, pensaient avoir Dieu de leur côté puisque forcément ils étaient du « bon côté »... Comment est-il possible que des peuples de tradition chrétienne aient pu se faire ainsi la guerre ? Un Jean Jaurès, animé par un idéal politique socialiste, était d'un certain point de vue bien plus chrétien que d'autres dirigeants qui poussaient à la guerre et à la haine... Son pacifisme était bien en conformité avec l'esprit de l'Evangile. Nous ne devons jamais oublier le beau nom de catholique et son sens : universel. Comme à l'époque de Jésus, il est bon aussi que les dirigeants de notre Eglise, pape et évêques, se laissent interpeller par les prophètes que Dieu continue de susciter dans son peuple. La mission prophétique, rappelons-le, est d'abord celle de tout chrétien baptisé. Par le baptême nous sommes devenus prêtres, prophètes et rois. Dans l'unique Corps du Christ, chaque membre doit être reconnu. Dans l'Eglise nous sommes tous frères. Sans le souffle des prophètes, notre Eglise court le risque de devenir une institution figée, trop sûre d'elle-même, trop centrée sur elle-même ! Demandons au Seigneur des prophètes pour notre temps et remercions-le pour un Jean-Paul II, une Mère Teresa, un abbé Pierre, une sœur Emmanuelle, un Nelson Mandela et tant d'autres encore qui ont rendu présente la Parole de Dieu au milieu de nous ! Par l'exemple des prophètes nous percevons concrètement la force de cette Parole, seule capable de changer notre humanité.

5ème dimanche du temps ordinaire

Luc 5, 1-11

2010

De l'Evangile de ce dimanche je ne retiendrai pour notre méditation qu'une seule parole, celle adressée par le Seigneur à Pierre, après la pêche miraculeuse : « Sois sans crainte ». La pêche miraculeuse est dans le récit de Luc le signe de la future mission des apôtres : « Désormais ce sont des hommes que tu prendras ». Et c'est à partir de la barque de Simon-Pierre que le miracle se réalise. Cet épisode nous parle donc non seulement de la mission des apôtres mais aussi de la mission qui est celle de toute l'Eglise en communion avec le successeur de Pierre. La parole « *sois sans crainte* » *est loin d'être unique, originale ou nouvelle.* Elle parcourt toute la Bible comme un refrain. Nous la trouvons dans le schéma de la vocation des prophètes (Jérémie et Ezéchiel), qui, bien avant Pierre, ont pris peur en entendant l'appel de Dieu. Et se sont trouvés indignes de cet appel et trop faibles pour y répondre. Nous la trouvons adressée par Gabriel à Marie lors de l'Annonciation. Nous la trouvons enfin comme un message pascal adressé aux saintes femmes d'abord par l'ange ensuite par le Ressuscité.

C'est un 22 octobre 1978 que le pape Jean-Paul II, 6 jours après son élection au siège de Pierre, a donné à cette parole biblique une portée tout à fait significative pour les chrétiens de notre temps : « N'ayez pas peur ! » En 1994 sortait un livre tout à fait particulier : un journaliste italien Vittorio Messori posait au pape Jean-Paul II diverses questions sur la foi et l'actualité de la vie de l'Eglise. Ce livre intitulé « Entrez dans l'espérance » fut un véritable best-seller, car il permettait à Jean-Paul II de s'exprimer d'une manière plus familière et plus abordable que dans un document officiel comme une lettre encyclique. Parmi les 34 questions posées au pape, l'une d'entre elles pouvait se résumer ainsi : le christianisme va-t-il mourir ? Ou pour le dire autrement la religion chrétienne a-t-elle encore un avenir ? Vittorio Messori endossait le rôle de « provocateur respectueux », dont la mission était de soumettre au chef visible de l'Eglise « certains problèmes qui suscitent l'inquiétude de nombreux catholiques aujourd'hui ». Et cela en partant de statistiques, donc de chiffres, indiquant un net recul du christianisme... Qu'allait répondre le pape du fameux « N'ayez pas peur ! » ? *Je me permets de citer ici longuement la réponse de Jean-Paul II* car elle est vraiment lumineuse et nous offre un excellent moyen de discernement par rapport à la situation qui est la nôtre en Europe aujourd'hui.
« Je pense qu'une telle vision du problème découle d'une interprétation simpliste de sa nature. La question se pose à un niveau plus profond. En l'occurrence, les statistiques ne servent à rien : les chiffres n'ont ici aucun sens. La sociologie de la religion, bien qu'elle soit par ailleurs fort utile, n'a pas non plus grand chose de décisif à dire à cet égard. Ses critères de mesure n'ont guère de pertinence pour rendre compte de l'intime conviction des êtres. Les statistiques qui présentent la foi

sous un angle quantitatif, par exemple en établissant par projection ou sondage le nombre de ceux qui participent aux rites religieux, ne touchent pas le cœur de la question. Les chiffres ne suffisent pas. Votre question présente le problème de façon suivante : comptons les musulmans ou les hindouistes dans le monde, comptons les catholiques, ou les chrétiens en général, et nous saurons quelle est la religion majoritaire, celle qui a l'avenir devant elle et celle qui, à l'inverse, semble appartenir au passé ou est engagée dans un processus de décomposition ou de déclin. En vérité, du point de vue de l'Evangile, la question se pose en des termes tout à fait différents. Le Christ dit : *« Sois sans crainte, petit troupeau, car le Père a trouvé bon de vous donner le Royaume. »* Je pense que le Christ donne là, par avance, la meilleure réponse imaginable aux inquiétudes dont vous vous faites l'écho. Jésus va même plus loin quand il demande : *« Mais le Fils de l'homme, quand il reviendra, trouvera-t-il encore la foi sur la terre ? »* De même que la citation précédente où il est question du « petit troupeau », cette interrogation révèle le réalisme foncier du Christ à l'égard de ses apôtres. Il ne les préparait pas à des succès faciles. Il parlait clairement des persécutions qui attendaient ses fidèles. Et, en même temps, il édifiait la certitude de la foi. *« Le Père s'est complu à donner le Royaume »* à ces douze hommes de Galilée et, par leur intermédiaire, à toute l'humanité. Il les prévenait : sur le chemin de la mission vers laquelle il les dirigeait, les échecs et les persécutions les attendaient, puisque lui-même avait été persécuté : *« Si l'on m'a persécuté, on vous persécutera, vous aussi »*. Mais tout de suite il enchaînait : *« Si l'on a observé ma parole, on observera aussi la vôtre. »* Dès ma jeunesse, j'ai pris conscience que ces paroles contiennent l'essence même de l'Evangile. L'Evangile ne promet pas de succès faciles. Il ne garantit à personne une vie agréable. Il pose au contraire des exigences. En même temps, il contient une merveilleuse promesse : celle de la vie éternelle pour l'homme assujetti à la loi de la mort – la promesse d'une victoire par la foi à l'homme menacé par tant de défaites. »

Confronté aux statistiques qui pourraient être démoralisantes, le pape de la nouvelle évangélisation ne s'étonne pas, ni ne s'alarme. Il nous redit à la suite de l'unique Maître et Seigneur : « N'ayez pas peur ! ». La foi n'est pas une question de chiffres, mais bien de confiance et d'espérance. Le prophète Jérémie l'exprime d'une manière admirable : *« Béni soit l'homme qui met sa confiance dans le Seigneur, dont le Seigneur est l'espoir. Il sera comme un arbre planté au bord des eaux, qui étend ses racines vers le courant: il ne craint pas la chaleur quand elle vient, et son feuillage reste vert; il ne redoute pas une année de sécheresse, car elle ne l'empêche pas de porter du fruit. »*

6ᵉᵐᵉ dimanche du temps ordinaire

Luc 6, 17-26
2010

Le dernier dimanche du temps ordinaire avant notre entrée en Carême propose à notre méditation *l'Evangile des béatitudes en saint Luc*. La version de Luc est plus rugueuse, plus abrupte pour notre raison humaine que celle de Matthieu, donc aussi plus difficile à interpréter correctement. Là où Matthieu dit « les pauvres en esprit », Luc dit « les pauvres » tout court. Et surtout seul Luc donne en contrepoint des béatitudes les « malheureux » : « Malheureux, vous les riches : vous avez votre consolation etc. » Cette version des béatitudes semblerait donner raison à Marx qui voyait dans la religion l'opium du peuple. Dans le sens où les malheureux de notre monde, les pauvres en particulier, seraient comme endormis par l'espérance d'un monde meilleur dans l'au-delà... Nous pourrions aussi tirer une conception simpliste de l'existence humaine à partir de cet Evangile : tu souffres ici-bas, tu seras heureux au ciel. Tu es heureux ici-bas, tu le payeras plus tard ! Comme si l'entrée au Paradis était une espèce de revanche pour les pauvres, et l'enfer une punition pour les riches. Nous retrouvons cela dans la parabole du pauvre Lazare et du riche, toujours en saint Luc. Or toute la tradition chrétienne nous enseigne que le bonheur éternel est un don que Dieu nous fait, par le Christ, en relation avec notre foi en Lui et notre charité... Comme l'affirme saint Jean de la Croix, « au soir de notre vie, nous serons jugés sur l'amour », et non pas sur notre pauvreté ou notre richesse !

Alors comment recevoir cette parole de Jésus ? Trois expressions me semblent intéressantes pour prendre le bon chemin : le Royaume de Dieu, le Ciel, « à cause de moi ». Les Béatitudes sont un enseignement sur le lien essentiel entre notre vie ici-bas et l'au-delà. Pour le Seigneur le but de notre vie est déterminant. Ce qui signifie que nous avons à vivre notre existence humaine en fixant sans cesse du regard, celui du cœur, le but : la communion parfaite et définitive avec Dieu Trinité, ce que nous nommons d'un mot trop faible le paradis. Et *la deuxième lecture va bien dans ce sens* :
Si le Christ n'est pas ressuscité, notre message est sans objet, et votre foi est sans objet. [...] Si nous avons mis notre espoir dans le Christ pour cette vie seulement, nous sommes les plus à plaindre de tous les hommes.

Il est alors évident que le riche, l'homme comblé, peut être en fait le plus malheureux d'entre les hommes car ses biens l'empêchent de porter le regard au-delà de cette vie qui lui apporte tant de satisfactions matérielles. Le riche peut en effet être malheureux car il n'y a pas que la misère matérielle, il y a aussi *la misère morale*. Et le riche est particulièrement exposé à cette misère-là s'il n'est pas animé par la foi, l'espérance et la charité. Jean-Paul II avait particulièrement conscience de cette réalité en constatant dans son encyclique sociale Sollicitudo rei socialis :

Que les pays riches ressentent « souvent une sorte d'égarement existentiel, une incapacité à vivre et à profiter justement du sens de la vie, même dans l'abondance des biens matériels; une aliénation et une perte de la propre humanité chez de nombreuses personnes, qui se sentent réduites au rôle d'engrenages dans le mécanisme de la production et de la consommation et ne trouvent pas le moyen d'affirmer leur propre dignité d'hommes, faits à l'image et à la ressemblance de Dieu ».

Inversement le pauvre au niveau matériel, ou la personne qui souffre dans son corps et dans son âme, peut être déclarée bienheureuse, non pas parce que la pauvreté ou la souffrance seraient en soi un bien, mais parce que ces situations difficiles peuvent ouvrir le cœur à Dieu et à son Royaume.

Si les Béatitudes ne peuvent se comprendre que dans ce rapport dynamique entre vie terrestre et Royaume de Dieu, elles constituent aussi une révélation de la justice divine. Nous aspirons tous, normalement, à la justice. Et rien ne nous révolte davantage que l'injustice. Or nous savons bien qu'ici-bas la justice humaine est imparfaite, voire partiale, quand elle ne se trompe pas ! Par rapport à ce thème important de la justice, le riche est désavantagé du point de vue moral. Car il peut être tenté d'utiliser sa richesse pour obtenir de la justice humaine des privilèges, des passe-droits, des complicités. L'argent est un pouvoir réel. Et face à ce pouvoir, la justice humaine peut devenir corrompue. Les béatitudes nous assurent que Dieu, seul juste juge, fera véritablement justice au jour de notre mort sans tenir compte du rang social, des titres et des grandeurs humaines, des richesses et des patrimoines etc. Non pas dans un esprit revanchard, mais tout simplement *pour que la vérité profonde de la vie de chacun soit manifestée*. Dans le Royaume de Dieu les masques tomberont et dans la lumière de Dieu nous nous verrons tels que nous sommes. Cette lumière étant celle de l'amour, elle nous montrera si, oui ou non, nous avons mis l'amour au centre de notre vie. Les béatitudes sont donc une consolation, une espérance pour tous les opprimés, les victimes d'injustice etc. Elles sont aussi un sérieux appel à la conversion pour tous ceux qui fraudent, qui exploitent les pauvres et commettent l'injustice en refusant de partager leurs biens.

7ème dimanche du temps ordinaire

Luc 6, 27-38

2007

Dans notre année liturgique, le temps ordinaire ou temps de l'Eglise se répartit en deux périodes : la première se situe entre le temps de Noël et le début du Carême ; la seconde, plus longue, commence après le temps pascal pour s'achever avec le début de l'Avent. En ce dimanche, nous nous trouvons au terme de la première période du temps ordinaire, puisque mercredi nous entrerons dans le temps du Carême. Tout juste avant le Carême, la liturgie de la Parole nous propose des textes particulièrement exigeants. En entendant le passage de saint Luc, nous pourrions être tentés par le découragement en nous disant que finalement Jésus nous en demande trop, à nous qui ne sommes que des humains ! Pour éviter cette tentation, je vous propose de méditer ces paroles du Seigneur dans un contexte plus ample.

Et c'est la deuxième lecture qui me donne ce contexte :

« *Puisque Adam est pétri de terre, comme lui les hommes appartiennent à la terre ; puisque le Christ est venu du ciel, comme lui les hommes appartiennent au ciel. Et de même que nous sommes à l'image de celui qui est pétri de terre, de même nous serons à l'image de celui qui vient du ciel.* »

Dans ce passage, l'apôtre Paul établit un parallèle entre le premier Adam et le dernier Adam, le nouvel Adam, c'est-à-dire le Christ. C'est à la lumière de cette comparaison que Paul invite les chrétiens de Corinthe à *comprendre leur condition humaine*. Nous, chrétiens, nous sommes à la fois des êtres terrestres et célestes, charnels et spirituels. Par notre naissance, nous sommes les descendants d'Adam, et nous héritons du péché originel. C'est le niveau de notre nature humaine, blessée par le péché. Par notre baptême et notre foi, nous sommes les descendants du Christ, nouvel Adam. C'est le niveau surnaturel, celui de la grâce « qui donne la vie ». Remarquons que dans un cas saint Paul utilise le présent et pour l'autre le futur :

« Nous **sommes** à l'image de celui qui est pétri de la terre. »

« Nous **serons** à l'image de celui qui vient du ciel. »

Si au baptême nous devenons des êtres spirituels, des fils de Dieu, n'oublions pas que c'est comme en germe. Nous avons bien besoin de toute une vie pour devenir toujours plus « à l'image de celui qui vient du ciel. » Si notre vie chrétienne commence au baptême, elle a besoin de temps pour se développer et s'accomplir. C'est ce qu'indique le futur employé par Paul. La vie chrétienne nous trace un chemin, un itinéraire.

C'est par rapport à ce chemin que nous avons à comprendre les exigences de Jésus dans l'Evangile, autrement nous nous découragerons et nous ne progresserons pas... Jésus nous présente ici la justice supérieure. Cette justice ne peut se comprendre au niveau de la nature humaine. Elle n'a de sens que dans la sphère surnaturelle, celle de la grâce. Car, ce que nous demande ici le Seigneur, n'est en rien naturel. Cela signifie qu'il nous faudra beaucoup de temps, d'efforts et surtout de foi pour progresser pas à pas sur ce chemin de la vie divine.

Cet Evangile nous demande d'imiter Dieu alors que nous ne sommes que des hommes ! Cela n'est pas pour autant un Evangile irréaliste ou utopique. Puisons dans la grâce de notre baptême, dans la force de notre foi et dans la prière quotidienne, les moyens de mettre en œuvre la volonté du Seigneur.

Quel Dieu devons-nous imiter ? Le miséricordieux, celui qui est bon pour les ingrats et les méchants : « Soyez miséricordieux comme votre Père est miséricordieux. » Le commandement de l'amour du prochain ne saurait se limiter aux membres de notre famille, à ceux qui partagent notre foi ou encore à ceux avec lesquels nous avons de bonnes relations.

Pour conclure, je retiendrai deux versets de cet Evangile :
« Ce que vous voulez que les autres fassent pour vous, faites-le aussi pour eux. »
« La mesure dont vous vous servez pour les autres servira aussi pour vous. »

Du premier Adam nous avons hérité la fâcheuse manie d'accuser les autres de tous les maux, de nous décharger sur les autres de notre responsabilité. Fils d'Adam, il nous est plus facile de nous diviser que de nous unir. Il nous est plus facile de déclarer une guerre, que de rechercher la paix et la justice. L'homme seulement terrestre est, il faut bien l'avouer, un égoïste.

Le Christ, nouvel Adam, nous parle sans cesse des autres. Il nous propose de vivre en communion les uns avec les autres, pas seulement entre croyants, mais avec tous les hommes, même ceux qui semblent être nos ennemis. Paul VI écrivait en 1964 : « Personne n'est étranger au cœur de l'Eglise. Personne n'est indifférent pour son ministère. Pour elle personne n'est un ennemi, à moins de vouloir l'être de con côté.[1] »

Le Christ, nouvel Adam, nous enseigne que nous ne pouvons pas rechercher notre bonheur et notre salut aux dépens des autres ou en les ignorant. Nous sommes solidaires les uns des autres. Ce qui signifie, en toute logique, que lorsque je juge mon prochain, je me juge moi-même ; lorsque je le condamne, c'est moi-même que je condamne.

Prions le Saint Esprit de nous donner force et lumière sur ce chemin de la justice supérieure !

---

1 Ecclesiam Suam, page 81

8ème dimanche du temps ordinaire

Luc 6, 39-45

<u>2001</u>

Avant d'entrer dans le temps du carême nous poursuivons en ce 8ème dimanche du temps ordinaire notre lecture continue de l'évangile selon saint Luc. Les dimanches précédents ont offert à notre méditation les Béatitudes et leur développement, développement qui culmine avec le précepte : « Aimez vos ennemis ». L'évangile de ce dimanche ne nécessite pas un grand commentaire pour être compris. Le message qu'il nous délivre est même d'une simplicité enfantine. Ce message, Jésus nous le délivre à travers trois comparaisons ou paraboles :
-L'aveugle qui guide un aveugle
-La poutre et la paille
-L'arbre et son fruit
Avant de dire un mot sur ces comparaisons je voudrais m'attarder sur le portrait du disciple : « Le disciple n'est pas au-dessus du maître, mais celui qui est bien formé sera comme son maître ». La traduction de la Bible des peuples apporte une nuance intéressante : « mais s'il se laisse former il sera comme son maître ». Etre chrétien c'est être disciple du Seigneur c'est-à-dire le reconnaître en actes et en paroles comme le seul Maître et Seigneur de notre vie et de notre personne. Jésus nous indique que pour accéder à cette condition de disciple il nous faut passer par la porte de l'humilité. Et cela en deux sens. Bien sûr ce serait un orgueil démesuré de penser que le chrétien est au-dessus du Christ. Mais plus profondément l'humilité est la porte royale car elle nous rend comme le Christ, semblable à lui « doux et humble de cœur ». Encore faut-il être bien formé ou se laisser former ! Cela veut dire que le disciple est tout le contraire d'une personne isolée, indépendante, autonome, autosuffisante. D'où la nécessité de l'Eglise. Se laisser former ! Il ne s'agit pas d'abord d'une formation intellectuelle mais de la formation de notre conscience et de notre cœur. Le vrai disciple se laisse former par la parole de Dieu, par les sacrements, par la prière. Ensuite il se laisse former par d'autres disciples plus avancés que lui sur les chemins de la vie spirituelle. C'est toute l'importance de l'accompagnement spirituel et de la correction fraternelle. Ce qui est en jeu à travers tout cela c'est que nous avons besoin les uns des autres pour être comme notre Maître. Nous sommes solidaires dans l'Eglise, dans notre chemin de sainteté. C'est à partir de cette vérité que nous pouvons mieux comprendre la portée des trois paraboles.

« Un aveugle peut-il guider un autre aveugle ? » Cette question s'adresse à ceux qui ont la charge dans l'Eglise d'être les formateurs de leurs frères. On peut penser tout particulièrement aux pasteurs. La réponse est évidente : Non, un aveugle ne peut pas guider un autre aveugle ! Ce qui veut dire que les pasteurs doivent avoir le souci de leur âme et de leur vie spirituelle s'ils veulent être de bons guides pour leurs frères.

Le passage de la paille et de la poutre, bien connu, va dans le même sens. Vouloir aider l'autre à progresser est un acte louable, un acte de charité fraternelle. Mais à condition de ne pas tomber dans l'hypocrisie... Moi-même suis-je prêt à recevoir de mes frères conseils et remarques ? Le zèle que nous avons à nous occuper des autres cache parfois le peu de zèle que nous mettons à travailler à notre progrès personnel. D'où l'image de la paille et de la poutre. Le saint curé d'Ars en donne le commentaire suivant : « Que diriez-vous d'un homme qui travaillerait le champ du voisin et laisserait le sien sans culture ? Eh bien ! Voilà ce que vous faîtes. Vous fouillez continuellement dans la conscience des autres, et vous laissez la vôtre en friche. Oh ! Quand la mort arrivera, quel regret nous aurons d'avoir tant songé aux autres et si peu à nous ! Car c'est de nous et non des autres qu'il faudra rendre compte... Pensons à nous, à notre conscience, que nous devrions toujours regarder, comme nous regardons nos mains pour savoir si elles sont propres ».
« Chaque arbre se reconnaît à son fruit ». C'est la troisième image de cette page évangélique. « Ce que dit la bouche, c'est ce qui déborde du cœur ». Le fruit pour Jésus, c'est donc notre langage, la manière que nous avons de parler et de communiquer. D'où le choix de la première lecture, un court passage du livre de Ben Sirac le sage : « On juge l'homme en le faisant parler ». Pour être semblable à l'homme bon de la parabole il faut savoir goûter la valeur du silence, de l'étude, de la méditation et de la prière.

Je laisserai le soin de conclure à saint Paul dans un passage de sa lettre aux Ephésiens :
« Aucune parole mauvaise ne doit sortir de votre bouche, mais s'il y en a besoin, dites une parole bonne et constructive, bienveillante pour ceux qui vous écoutent. En vue du jour de votre délivrance vous avez reçu en vous la marque du Saint-Esprit de Dieu : ne le contristez pas. Faites disparaître de votre vie tout ce qui est amertume, emportement, colère, éclats de voix ou insultes, ainsi que toute espèce de méchanceté. Soyez entre vous pleins de générosité et de tendresse ».

9ᵉᵐᵉ dimanche du temps ordinaire

Luc 7, 1-10

2013

La scène évangélique décrite par saint Luc en ce dimanche se déroule à Capharnaüm. Cette ville de Galilée au bord du lac de Tibériade était la base missionnaire de Jésus. Dans cette scène nous trouvons Jésus, un centurion romain et des notables Juifs. Tout part du désir du centurion : son esclave est mourant et il veut tout faire pour le sauver parce qu'il tient à lui. Contrairement à la version que donne saint Matthieu de cet événement le militaire n'ose pas s'approcher lui-même du Seigneur. Dans le récit de saint Luc il affirme : « Je ne me suis pas senti le droit de venir te trouver ». La traduction de la Bible Osty, probablement meilleure, dit : « Je ne me suis pas jugé digne de venir vers toi ». Le centurion cumule tous les défauts possibles aux yeux des Juifs : il dirige l'armée d'occupation, il est étranger et il est païen. Le fait qu'il n'aille pas lui-même demander pour son esclave la guérison auprès de Jésus témoigne surtout de sa très grande humilité. Il va donc passer par des intermédiaires, en l'occurrence quelques notables juifs de la ville. Encore une fois non pas pour se faire « pistonner » mais parce qu'il est humble. Ne passons pas trop rapidement sur ce que disent ces notables, voulant recommander cet homme en tant que bienfaiteur de la religion juive : « Il mérite que tu lui accordes cette guérison ». Retenons pour le moment ce mot de « mérite » essentiel pour comprendre la fine pointe de notre évangile. Jésus décide d'exaucer cet homme qu'il ne connaît pas et qu'il n'a même pas encore vu et se rend donc vers sa maison. Mais voilà que le centurion vient à sa rencontre et lui dit :
Seigneur, ne prends pas cette peine, car je ne suis pas digne que tu entres sous mon toit. Moi-même, je ne me suis pas senti le droit de venir te trouver. Mais dis seulement un mot, et mon serviteur sera guéri.

Il s'adresse à Jésus en l'appelant Seigneur. Du point de vue biblique ce titre est celui que l'on donne à Dieu lui-même. Il est improbable que ce païen ait eu conscience de se trouver en présence du Fils de Dieu dans le sens chrétien du terme. Mais il a l'intuition que cet homme nommé Jésus n'est pas un homme comme les autres. Dieu est avec lui. Il est l'envoyé de Dieu et les miracles qu'il réalise en sont le signe évident. A nouveau l'officier romain fait preuve d'humilité : « je ne suis pas digne que tu entres sous mon toit ». Nous pouvons maintenant faire une comparaison éclairante entre deux manières de penser diamétralement opposées : d'une part celle des notables juifs qui parlent de mérite et d'autre part celle du centurion romain qui confesse son indignité. Tout le récit de saint Luc tend à nous montrer qu'avec la venue de Jésus parmi nous la notion de mérite est insuffisante. Elle est même dépassée parce qu'elle ne décrit pas correctement les rapports qui existent entre Dieu et ses créatures. Nous sommes sous le régime de la grâce et non pas du mérite. Saint Paul, le juif converti à l'Evangile du Christ, ne cessera d'enseigner toute sa vie la

primauté de la grâce. Nous ne sommes pas sauvés à cause de nos mérites, c'est-à-dire parce que nous avons bien agi ou parce que nous avons obéi aux commandements, mais parce que Dieu, le premier, nous aime en son Fils Jésus-Christ. Le salut est toujours et d'abord un don gratuit de Dieu. Et par rapport à ce don nous sommes tous indignes. Qu'avons-nous donc fait pour mériter le baptême et la foi ? Non seulement le centurion romain est humble mais en plus il a une foi impressionnante. Il a compris que Jésus peut guérir son esclave à distance, sans même entrer dans sa maison : « dis seulement un mot et mon serviteur sera guéri ». C'est cette profession de foi d'un païen que l'Eglise met sur nos lèvres avant chaque communion au Corps du Christ. Le récit se termine par l'admiration du Seigneur pour la foi du centurion : « même en Israël, je n'ai pas trouvé une telle foi ! » Le seul mérite de cet homme c'est donc sa foi elle-même. C'est par sa foi et son humilité qu'il a touché le cœur du Christ et qu'il a été exaucé dans sa prière d'intercession pour son esclave mourant. Si nous y réfléchissons bien la conclusion de cette histoire va très loin. Elle nous montre que la foi en Jésus Sauveur n'est pas enfermée dans les frontières de l'appartenance religieuse. Si ce païen a une foi supérieure aux juifs eux-mêmes cela signifie que la grâce de Dieu est universelle et qu'elle agit librement dans le cœur de tous les hommes de bonne volonté. Cela implique qu'il peut exister des non-catholiques ayant une foi plus forte que la nôtre. Dans l'évangile selon saint Matthieu Jésus loue aussi la foi d'une femme païenne qui le suppliait de guérir sa fille. Et au pied de la croix nous retrouvons un officier romain qui s'exclame : « En vérité cet homme était un juste ». Avant même que saint Paul annonce l'Evangile à tous, donc aussi aux païens, nous constatons que la prière du roi Salomon dans la première lecture a été exaucée :
Si donc, à cause de ton Nom, un étranger, qui n'est pas de ton peuple Israël, vient d'un pays lointain prier dans ce Temple, toi, au ciel où tu résides, écoute-le. Exauce toutes les demandes de l'étranger. Ainsi, tous les peuples de la terre, comme ton peuple Israël, vont reconnaître ton Nom et t'adorer.

Dans la Nouvelle Alliance le temple de Jérusalem a disparu. Le nouveau temple définitif et indestructible c'est le corps glorieux du Christ. Ressuscité et assis à la droite du Père le Christ est désormais présent sur notre terre d'une manière universelle. Ce qui nous permet de rejoindre à tout moment et en tout lieu cette présence qui sauve c'est bien notre attitude de foi et d'humilité.

Premier dimanche de Carême

Luc 4, 1-13

2010

En méditant les textes bibliques de ce premier dimanche de Carême, j'ai été marqué par l'importance donnée à la parole. La Parole de Dieu bien sûr, mais une Parole qui, en se faisant toute proche, trouve un écho et un prolongement dans la parole des hommes. Pour reprendre la belle expression de l'apôtre saint Paul, « *cette Parole, c'est le message de la foi que nous proclamons* ». Dans nos trois lectures la Parole est présentée comme force de salut et de libération.

Moïse demande à l'israélite de « prononcer ces paroles devant le Seigneur son Dieu ». À l'occasion de l'offrande des prémices agricoles, le Juif fait mémoire à haute voix de l'histoire sainte qui est celle de son peuple et dans laquelle il se reconnaît. Le livre du Deutéronome nous fait entendre la confession du salut libérateur de Dieu en faveur de son peuple. Par la parole, le Juif reconnaît tous les bienfaits de Dieu. Cette libération est pour le moment bien terrestre, puisque le Paradis c'est la terre sainte, but de tout ce long parcours du peuple guidé par la Providence divine : « Il nous a conduits dans ce lieu et nous a donné ce pays, un pays ruisselant de lait et de miel ».

Saint Paul, lui, se situe après l'événement central qu'est la manifestation de la Parole de Dieu faite chair en la personne de Jésus. Il cite lui-même l'Ecriture, c'est-à-dire la Parole de Dieu sous sa forme écrite : « *La Parole est près de toi, elle est dans ta bouche et dans ton cœur* ». Voilà l'accomplissement parfait de l'ancienne Alliance : cette proximité inouïe entre Dieu et sa créature manifestée dans le Christ. Et l'apôtre nous montre comment dans notre acte de foi ce qui est extérieur (dans la bouche) s'unit à ce qui est intérieur (dans le cœur). La profession de foi extérieure (la récitation du Credo dans l'assemblée chrétienne, le témoignage chrétien, la prédication etc.) sont des actes qui nous conduisent au salut. Mais nous ne pouvons pas nous contenter de cette manifestation extérieure de notre foi, elle doit correspondre à ce qui habite notre cœur pour nous donner accès au salut : « Celui qui croit du fond de son cœur devient juste ». Dans les deux cas, que ce soit dans la bouche ou dans le cœur, il s'agit bien d'invoquer le seul nom par lequel nous puissions être sauvés, le Nom du Seigneur. Saint Paul nous met en garde contre la tentation de séparer la foi intérieure de sa proclamation et du témoignage rendu au mystère du Christ.

Quant à l'Evangile des tentations, il nous montre Jésus, la Parole de Dieu faite chair, résistant au démon et sortant victorieux de sa confrontation avec lui dans le désert. Quelle arme utilise le Seigneur pour repousser immédiatement les propositions du tentateur ? La Parole de Dieu ! « Il est écrit… ». Bien sûr Jésus est le Fils de Dieu, sans péché, et nous, nous sommes pécheurs donc faibles. Mais n'avons-nous pas la même arme à notre disposition ? Remarquez bien que même le démon, lors de la troisième tentation, se met lui aussi à citer la Parole de Dieu pour faire chuter le Christ. Ce qui nous amène à désirer la sagesse et la vigilance dans notre manière de lire et de comprendre les Ecritures. Ce n'est pas pour rien qu'un grand nombre de sectes chrétiennes se réclame de la Bible... On peut faire dire à la Bible tout et son contraire en isolant des passages, en privilégiant certains au détriment d'autres... Et il arrive en effet que le démon se déguise en ange de lumière pour arriver à ses fins, se mettant à citer lui-même un verset de l'Ecriture...

Que retenir pour nous de cette méditation pour notre Carême ? A partir de la première lecture un point me semble important. Nous avons besoin de donner chair à ces mots que nous utilisons souvent dans notre langage chrétien : salut, libération etc. Et pour ce faire, nous devons *imiter la méthode de l'Israélite. Faire mémoire, se souvenir, se rappeler !* Non pas seulement des articles du Credo et donc du mystère de la foi, mais de tous les passages et les signes de Dieu dans notre vie. Si nous sommes aimés par Dieu, sauvés par lui dans le Christ, alors nous devrions reconnaître très concrètement les visites de Dieu dans notre existence à l'occasion de tel ou tel événement, d'une rencontre, d'un temps de prière, d'une retraite spirituelle etc. Il est important, encore une fois, pour chacun d'entre nous, quelle que soit notre âge, de faire ce travail de mémoire personnel. Pour que notre foi ne se limite pas à l'affirmation extérieure des dogmes, mais pour qu'elle soit vraiment une conviction vivante en nous. Pourquoi le témoignage des saints et des grands témoins nous touche et pourquoi atteint-il même les non-croyants ? Parce que justement ils ont incarné dans leur vie cette Parole de Dieu accueillie dans la foi. Notre témoignage ne peut se limiter à répéter mécaniquement les vérités de la foi : le Christ est vivant, il est mon Sauveur... Il doit montrer *comment dans ma vie le Christ Vivant a réellement été mon Sauveur !* Et cela dès ici-bas, avant même le don de la vie éternelle.

Deuxième dimanche de Carême

Luc 9, 28-36

2010

Notre entrée en Carême s'est faite dimanche dernier sous le signe de la lutte spirituelle avec les tentations de Jésus au désert. En ce dimanche nous avons *la joie de contempler Jésus transfiguré*. Le contexte de la transfiguration est important : c'est celui de la prière de Jésus. Alors que le Seigneur était en prière sur la montagne, Pierre, Jean et Jacques ont vu sa gloire : « son visage apparut tout autre ». Les trois apôtres ont eu cette expérience unique dans laquelle la divinité de Jésus s'est manifestée à travers le voile de son humanité. Ils ont eu un privilège que même Moïse autrefois n'avait pas eu malgré sa demande faite au Seigneur. « Fais-moi donc voir ta gloire ! » (Exode 33, 18). « Tu ne pourras pas voir ma face, lui répondit le Seigneur, car l'homme ne peut me voir sans mourir ». La vision de la gloire de Dieu, c'est la révélation sans voile ni ombre de sa divinité et de la puissance de sa vie et de son amour. Tout croyant Juif faisait sien le désir de Moïse : voir un jour la gloire de son Dieu. Et dans le psaume 26 nous lisons : « J'en suis sûr, je verrai les bontés du Seigneur sur la terre des vivants ». Ce qui est déjà plus accessible au commun des mortels. Le mystère de l'incarnation a rendu cette vision de Dieu possible en Jésus, non pas de manière permanente, mais lors d'une révélation fulgurante, celle de la transfiguration.

Il y a dans ce récit de saint Luc une tension entre d'un côté le fait de voir la gloire de Jésus et de l'autre le fait de devoir écouter sa parole. Car après l'instant merveilleux de la vision, les apôtres sont plongés dans les ténèbres de la nuée divine et ils entendent la voix du Père : « Celui-ci est mon Fils, celui que j'ai choisi, écoutez-le ». Cette parole du Père concerne les chrétiens que nous sommes. Nous savons que durant notre pèlerinage terrestre, même si nous sommes déjà « citoyens des cieux », nous ne verrons pas la gloire de Dieu. Et qu'il nous faudra passer par la mort pour parvenir à la claire vision. En attendant notre connaissance de Dieu est celle de la foi, à la suite d'Abraham et de tous les croyants qui nous ont précédés. Notre foi nous permet d'accéder à Dieu de manière certaine mais pas de manière directe, immédiate. Dans la foi si nous ne pouvons accéder à la vision de Dieu, nous devons écouter sa Parole manifestée en Jésus-Christ. C'est l'un des enseignements de la transfiguration. Nous n'avons pas le privilège de la vision comme Pierre, Jacques et Jean, mais nous partageons avec eux l'immense privilège de pouvoir écouter Jésus, Parole de Dieu. Et cela chaque dimanche. Chaque jour si nous le voulons, dans la mesure où nous ouvrons notre Bible, nos Evangiles. Nous écoutons aussi Jésus à travers la tradition spirituelle et mystique de l'Eglise, il nous parle tout particulièrement à travers le témoignage des saints et des grands témoins de la foi. Nous l'écoutons en étant attentifs aux signes des temps, c'est-à-dire en portant un regard chrétien sur l'actualité de notre monde. Un regard qui ne condamne pas mais qui discerne les germes d'Evangile dans le champ de notre monde. Un regard aimant et généreux qui sait voir les belles et grandes aspirations de nos contemporains même s'ils ne partagent pas notre foi. Un regard large et catholique qui refuse le fanatisme et le fondamentalisme, tentations toujours actuelles. Ecouter Jésus, c'est bien sûr être fidèle à la vie de prière et à la vie sacramentelle : « Le Royaume de Dieu est au-dedans de vous ». Comme les disciples, apprenons pendant ce Carême à faire silence au dehors et au dedans pour goûter dans notre intériorité cette présence du Ressuscité qui ne cesse de frapper à la porte de notre cœur. Il est là, il est déjà là en nous. *Laissons-le nous saisir tout entiers de l'intérieur pour renouveler notre cœur, pour arracher notre cœur au vieillissement du péché et du découragement qui nous guette parfois...* A quoi bon ? Ecouter Jésus, c'est être convaincus avec Mère Teresa, « lorsque cela semble difficile, souviens-toi que nous ne sommes pas appelés à réussir mais à être fidèles ». Un lien, enfin, peut être fait entre le désir de voir Dieu et notre devoir d'écouter Jésus et sa Parole. Car une religion pratiquée sans désir est une religion sans spiritualité donc menacée de ritualisme et de légalisme ou pire de fanatisme. C'est en effet le désir de Dieu qui est l'âme de la vraie religion, et non pas la pratique extérieure des préceptes et des rites. Ce désir s'exprime au plus haut point dans la prière mais aussi dans notre recherche constante de la justice, de la vérité, du bien commun et de la paix. Ecouter Jésus, c'est donc aussi vivre de manière spirituelle notre religion catholique, la vivre dans l'Esprit de Jésus lui-même. Ecouter Jésus, c'est faire nôtres les magnifiques paroles du psaume 26 : *« Mon cœur m'a redit ta parole : 'Cherchez ma face'. C'est ta face, Seigneur, que je cherche : ne me cache pas ta face. »* L'Evangile de ce dimanche nous demande d'être des croyants en recherche. Dieu est toujours plus grand, au-delà de tout ce que nous pouvons concevoir. C'est la réalité même de son être, manifestée en Jésus, son Fils bien-aimé, qui nous commande de le rechercher sans cesse jusqu'au jour de notre mort, dans la foi, l'espérance et la charité.

Troisième dimanche de Carême

Luc 13, 1-9

2010

Les lectures de ce dimanche de Carême posent une question essentielle : *celle du sens des épreuves inévitables* que nous connaissons tout au long de notre vie. Notre manière de pensée habituelle procède par causalité. S'il m'arrive quelque chose de mauvais ou de négatif, j'ai toujours tendance à chercher un responsable, un coupable. Et ce coupable, je pense que c'est moi... J'ai certainement fait quelque chose de pas bien, un péché en langage religieux, qui expliquerait l'épreuve qui me tombe dessus ! Avec le livre de Job, la révélation nous met en garde contre ce raisonnement simpliste. Nous n'avons pas à chercher systématiquement une cause et un sens à ce qui nous arrive de positif comme de négatif. Ce qui n'enlève rien au fait que le regard de la foi nous permet de tirer des leçons de notre expérience. Dans nos lectures, l'expérience de la servitude du peuple en Egypte et de sa libération par Dieu est relue dans la foi par saint Paul. Et Jésus, dans l'Evangile, commente l'actualité malheureuse de son temps. Aujourd'hui on aurait pu lui demander : les haïtiens ou les chiliens sont-ils coupables d'un péché plus grand que les habitants de Carpentras pour avoir eu à souffrir des tremblements de terre ?

La question essentielle n'est peut-être donc pas celle que je me posais au début : pourquoi ces épreuves dans ma vie ? Mais plutôt : comment dois-je regarder les événements de ma vie, qu'ils soient joyeux ou pénibles ? Et tout d'abord comment considérer *mon passé ou bien celui de mon peuple, de mon pays* ? Il est important pour nous de tirer des leçons de sagesse de notre expérience passée, au niveau personnel comme au niveau communautaire, pour ne pas retomber dans les mêmes erreurs et les mêmes péchés. L'histoire est en ce sens une discipline qui devrait nous faire progresser en sagesse. Mon histoire personnelle en tant que croyant est tout aussi importante. Je connais mes capacités comme mes faiblesses à partir d'elle. *Le regard de la foi ne m'enferme pas dans mon passé, il est libérateur au contraire* en me situant en vérité par rapport à lui. Le regard de foi que je porte sur mon histoire passée est ouverture sur l'espérance. Comment considérer aussi *mon présent personnel comme l'actualité du monde* dans lequel je vis et j'évolue ? Le concile Vatican II nous a invités à regarder les signes des temps. Mon présent comme le présent du monde peut être pour moi *parole de Dieu si je le regarde dans la foi*. Non pas en cherchant toujours les ou le coupable du mal dont je peux souffrir, mais en percevant mon épreuve comme un appel de la part de Dieu à aller plus loin, à me surpasser. Le vrai sens de mon histoire personnelle du passé comme du présent n'est donc pas dans la recherche d'une cause à tout ce qui ne va pas, mais dans un appel à la conversion. Ce qui me projette vers mon avenir avec espérance. Car je suis capable de changer, d'évoluer, de connaître enfin une plus grande liberté spirituelle. Les épreuves de ma vie peuvent donc me stimuler à aller de l'avant et à mieux répondre à l'appel du Seigneur à la sainteté. Mais tout cela est un don de Dieu. Seul ce regard de foi me permet de transfigurer mon présent en me tournant avec confiance vers l'avenir, non pas isolé, mais sous le regard de Dieu. Le vocabulaire de la première lecture nous rappelle que Dieu est proche et qu'il s'intéresse à notre vie. Les difficultés que nous pouvons traverser ne le laissent ni indifférent ni inactif : *j'ai vu, j'ai entendu, je connais, je suis descendu...*

Une affirmation de saint Paul dans la deuxième lecture me permettra de conclure cette méditation : « Celui qui se croit solide, qu'il fasse attention à ne pas tomber ». Une traduction plus littérale donnerait : « Que celui qui pense être debout prenne garde de ne pas tomber ». Notre histoire personnelle, relue dans la foi, est pleine de leçons et d'avertissements. C'est notre faux sentiment de sécurité qui nous empêche de les recevoir. Nous connaissons tous des personnes qui se croyaient invincibles, fortes, qui étaient sûres d'elles mêmes, de leur bon droit et de leurs talents, et qui pourtant sont tombées. Tout ce que nous ne construisons pas avec humilité, avec Dieu, a pour fondements les sables mouvants et les aléas de notre histoire humaine. Au début du livre des Actes des Apôtres, lorsque les apôtres sont arrêtés par le grand prêtre à cause de leur prédication du Nom de Jésus Sauveur, ils passent en jugement devant le Sanhédrin. Et voilà qu'un pharisien nommé Gamaliel, membre du Conseil, demande pour eux la clémence. Son argumentation est remplie de sagesse :
Eh bien, dans la circonstance présente, je vous le dis : ne vous occupez plus de ces gens-là, laissez-les. Car si leur intention ou leur action vient des hommes, elle tombera. Mais si elle vient de Dieu, vous ne pourrez pas les faire tomber. Ne risquez donc pas de vous trouver en guerre contre Dieu.

La Parole de Dieu nous demande en ce dimanche de construire humblement notre vie avec Dieu et de tirer profit des épreuves pour grandir en sagesse et en foi.

Quatrième dimanche de Carême

Luc 15, 1-32

2010

Le Carême est un temps de grâce pour l'Eglise et pour chacun d'entre nous. Et cette grâce a pour nom *renouvellement et réconciliation*. La deuxième lecture et l'Evangile nous parlent de cette réconciliation avec Dieu et entre nous. Pour accueillir ce message de la Parole de Dieu, je ne partirai pas de l'Evangile, bien connu de tous, mais de la deuxième lecture.

Saint Paul commence par nous redire ce que nous sommes : des chrétiens, c'est-à-dire des hommes et des femmes qui sont en Jésus Christ, qui vivent de sa vie reçue au baptême. Nous appartenons donc à un monde nouveau, celui du Royaume de Dieu déjà présent au milieu de nous. Nous sommes des créatures nouvelles. *Par le baptême et par la foi nous vivons notre condition humaine d'une manière nouvelle.* Nous ne considérons plus les personnes, les événements d'une manière simplement humaine et raisonnable mais dans la lumière de la foi. Certes notre foi ne s'oppose pas à ce qui relève de la raison, mais elle nous permet d'aller au-delà du simplement vérifiable et constatable. Notre foi ouvre notre raison à un horizon qui en même temps la dépasse et l'élève.

Pour saint Paul la nouveauté de notre vie chrétienne vient de Dieu qui nous a réconciliés avec Lui par le Christ. Cette œuvre de la réconciliation s'est réalisée concrètement par un échange de situation : « Celui qui n'a pas connu le péché, Jésus, Dieu l'a pour nous identifié au péché des hommes, afin que, grâce à lui, nous soyons identifiés à la justice de Dieu ». Oui, Jésus a pris sur lui tous nos péchés et il nous a donné en échange sa justice de Fils de Dieu. C'est ainsi que nous sommes devenus des créatures nouvelles. Nous n'y sommes pour rien, nous ne le méritons pas, c'est la conséquence du don de Dieu en notre faveur et de sa décision de nous sauver. Le fils prodigue de la parabole traduit bien cette réalité en disant : « *Je ne mérite plus d'être appelé ton fils* ». Nous avons donc été réconciliés avec Dieu. En même temps saint Paul nous lance cet appel : « Laissez-vous réconcilier avec Dieu ! » Cela signifie que notre condition de créatures nouvelles est sans cesse menacée par le mal, le péché que nous pouvons commettre. Le baptême ne nous dispense pas de la lutte contre le mal qui est en nous et dans le monde (c'était le premier dimanche de notre carême). C'est la raison d'être du sacrement justement appelé sacrement de la pénitence et de la réconciliation. Ce sacrement voulu par Jésus nous permet de nous laisser renouveler dans la grâce de notre baptême. La confession vécue avec sincérité et bonne volonté nous remet dans le monde nouveau, celui de la joie du salut obtenu par Notre Seigneur.

C'est à ce point de notre méditation que je ferai le lien avec la parabole du fils prodigue. Cette magnifique parabole nous rappelle le but de la réconciliation : que nous soyons vraiment fils et filles de Dieu. Que nous vivions dans une communion toujours plus intense avec ce Dieu que nous pouvons nommer notre Père. Et c'est justement le père de la parabole qui donne à son fils aîné la plus belle description de cette communion avec lui : « *Toi, mon enfant, tu es toujours avec moi, et tout ce qui est à moi est à toi* ». Dieu notre Père partage avec nous tout ce qui est à lui, tout ce qui lui appartient ! Pensons en effet que nous recevons au baptême sa vie, son amour, sa gloire, en participation bien sûr mais d'une manière bien réelle. Etre une créature nouvelle dans le Christ, c'est prendre davantage conscience de cela, c'est être toujours avec le Père.

En même temps la parabole nous rappelle un autre but de la réconciliation : non seulement que nous vivions en fils du Père céleste mais aussi que nous vivions en frères les uns avec les autres. Cela est inséparable. Le fils aîné de la parabole peut sembler parfait au premier abord : il est obéissant, fidèle et travailleur. Mais l'amour gratuit que son père donne à son frère revenu à la maison le met en colère. De fait il est loin d'être intérieurement parfait, même si extérieurement il agit de manière juste. Lui aussi a besoin d'être sauvé, d'être réconcilié, car la jalousie le coupe de son frère et donc de son père, puisqu'il refuse d'entrer dans la maison.

Pendant cette semaine nous pourrions préparer notre confession pascale et nous redire chaque jour dans notre prière ces merveilleuses paroles du père en nous les appliquant :

« *Toi, mon enfant, tu es toujours avec moi, et tout ce qui est à moi est à toi* ».

Cinquième dimanche de Carême

Jean 8, 1-11

2010

A la fin de notre Carême, à l'approche du temps de la Passion, l'Eglise nous propose comme nourriture spirituelle *l'Evangile de la femme adultère*. Seul saint Jean nous rapporte cet épisode que beaucoup de biblistes attribuent en fait à saint Luc. Cette page d'Evangile est à la fois l'une des plus belles et des plus simples que nous puissions trouver dans les quatre Evangiles. Elle nous livre dans une pureté saisissante, bouleversante, le cœur du message de Jésus-Christ. Elle se situe bien dans la continuité de l'Evangile de dimanche dernier : la parabole du fils prodigue. Mais ici nous avons affaire à un événement réel et non pas à une parabole. Un événement dans lequel se manifeste de manière merveilleuse la miséricorde du Seigneur Jésus. Cet événement nous montre ce «monde nouveau » annoncé par Isaïe, ce monde de la justice qui vient de Dieu et qui est fondée sur la foi comme l'affirme Paul : « cette justice ne vient pas de moi-même, c'est-à-dire de mon obéissance à la loi de Moïse ». *Les scribes et les pharisiens* qui veulent mettre Jésus à l'épreuve sont justement de ceux qui croient que la fidélité scrupuleuse à la loi de Moïse donne la justice. Ils trouvent ainsi leur justice, on pourrait dire leur sainteté, en eux-mêmes. C'est parce qu'ils sont fidèles à la loi de Moïse qu'ils s'estiment justes aux yeux de Dieu. C'est ce schéma de pensée que Jésus va remettre en question et saint Paul à sa suite dans l'Eglise primitive. Paul n'hésitera pas à reprendre Pierre, le chef des apôtres, pour affirmer que notre justice vient de Dieu par la foi, et non pas de la loi et de la circoncision. Ces hommes religieux vont utiliser une femme pécheresse pour essayer de mettre en difficulté Jésus par rapport à un précepte de la Torah. Ils la placent au centre de la foule comme un animal de foire.

Le précepte du Deutéronome est clair, et ne fait pas, notons-le bien, de différence entre l'homme et la femme coupables d'adultère : « Si l'on trouve un homme couché avec une femme mariée, ils mourront tous les deux : aussi bien la femme que l'homme qui a couché avec elle. C'est ainsi que tu ôteras le mal d'Israël ». Ici on ne nous parle que de la femme. Face à la question piège des scribes et des pharisiens, le Seigneur adopte une attitude étrange et se réfugie dans le silence : il dessine ou écrit sur le sol... Ce qui ne démotive pas ses interlocuteurs. Il doit répondre oui ou non. Il doit se situer par rapport à ce précepte de la Loi. Par sa réponse lumineuse de simplicité et de vérité, Jésus échappe au piège qui lui est tendu : « Celui d'entre vous qui est sans péché, qu'il soit le premier à lui jeter la pierre ». Et à nouveau il se met à tracer des traits sur le sol. *D'un côté nous avons des hommes qui se considèrent justes et sont les gardiens de la morale*, des hommes qui cherchent le péché chez les autres pour pouvoir les dénoncer et les condamner. Cette attitude est profondément ambigüe. Elle consiste à se convaincre de sa propre justice, donc de sa supériorité, par comparaison avec les autres qui sont pécheurs et mauvais. Cette fausse justice ne se situe pas au niveau de la conscience personnelle en présence de Dieu mais bien dans la comparaison. Souvenez-vous de la prière du pharisien au temple : 'Mon Dieu, je te rends grâce parce que je ne suis pas comme les autres hommes : voleurs, injustes, adultères, ou encore comme ce publicain. Je jeûne deux fois par semaine et je verse le dixième de tout ce que je gagne.' *De l'autre côté nous avons Jésus qui renvoie les accusateurs à leur conscience personnelle* dans la droite ligne de la parabole de la paille et de la poutre : Qu'as-tu à regarder la paille dans l'œil de ton frère, alors que la poutre qui est dans ton œil, tu ne la remarques pas ? Comment vas-tu dire à ton frère : 'Laisse-moi retirer la paille de ton œil', alors qu'il y a une poutre dans ton œil à toi ? Esprit faux ! Enlève d'abord la poutre de ton œil, alors tu verras clair pour retirer la paille qui est dans l'œil de ton frère.

En ce Carême Jésus nous rappelle que nous avons à scruter notre vie et pas celle des autres, c'est nous qui devons travailler à notre propre conversion avant de prétendre travailler à celle des autres. En tout cas dans le monde nouveau de l'Evangile une chose est certaine : on ne travaille pas à la conversion de son frère en le tuant, mais en étant le témoin de la miséricorde divine. L'Evangile de la femme adultère condamne par avance tous les procédés violents qui ont été utilisés dans l'histoire de l'Eglise pour convertir ou faire taire les hérétiques et les dissidents. Les scribes et les pharisiens qui demandent la mise à mort de la femme adultère sont des fanatiques. Qu'est-ce qu'un fanatique religieux, qu'il soit chrétien, juif ou musulman ? Un homme dont la foi est tellement faible qu'il ne peut trouver sa force qu'en condamnant les autres. Le fanatique est gêné par une attitude différente de la sienne, il est remis en question, parce que sa foi est d'abord extérieure et sociale, elle n'est pas une relation personnelle et spirituelle avec Dieu. Il se sent donc menacé et ne sait réagir que par la violence. Certains préceptes de la loi de Moïse reflètent ce fanatisme religieux qui est le lot de tous ceux qui se prétendent plus orthodoxes que les autres ou encore intégristes. La miséricorde de Jésus nous renvoie quant à elle au cœur de Dieu et de son projet d'amour pour notre humanité blessée : Car Dieu a envoyé son Fils dans le monde, non pas pour juger le monde, mais pour que, par lui, le monde soit sauvé.

Dimanche des Rameaux et de la Passion

Luc 22,14-23,56

2007

Cette année nous avons entendu le récit de l'entrée triomphale de Jésus à Jérusalem dans la version qu'en donne saint Luc. Le troisième évangéliste est original à bien des égards. Lui se contente de parler des manteaux et ne mentionne pas les rameaux ![2] Avec saint Luc nous devrions donc parler du dimanche des Manteaux ou des vêtements pour suivre la traduction liturgique… Mais le plus important n'est pas là. Ecoutons plutôt la foule des disciples : « *Déjà Jésus arrivait à la descente du mont des Oliviers, quand toute la foule des disciples, remplie de joie, se mit à louer Dieu à pleine voix pour tous les miracles qu'ils avaient vus : 'Béni soit celui qui vient, lui, notre Roi, au nom du Seigneur. Paix dans le ciel et gloire au plus haut des cieux !'* » La louange des disciples nous rappelle le chant du Sanctus qui clôt la Préface et ouvre la Prière eucharistique. Mais comment ne pas penser ici au récit de la Nativité ? Le jour de l'entrée triomphale du Christ dans la ville sainte, les disciples reprennent presque mot à mot le chant des anges dans la nuit de la Nativité : « *Gloire à Dieu dans les cieux, et sur la terre paix aux hommes, car il les prend en grâce* »[3]. Le contexte de la Nativité est aussi celui de la joie pour tout le peuple. De la nuit de Bethléem à l'entrée triomphale dans Jérusalem, la louange divine passe des anges à la foule des disciples… Car si eux se taisent, « les pierres crieront » ! La paix proclamée passe de la terre au ciel. Relevons le motif de cette louange divine : « *pour tout les miracles qu'ils avaient vus* ». Jean précise même que c'est à cause de la réanimation de Lazare que la foule acclame Jésus comme son Roi.

Dans la deuxième lecture, ce magnifique passage de la lettre de Paul aux Philippiens, nous retrouvons ces réalités du ciel et de la terre : « *C'est pourquoi Dieu a élevé Jésus au-dessus de tout ; il lui a conféré le Nom qui surpasse tous les noms, afin qu'au Nom de Jésus, aux cieux, sur terre et dans l'abîme, tout être vivant tombe à genoux, et que toute langue proclame : 'Jésus Christ est le Seigneur', pour la gloire de Dieu le Père.* » Cet homme qui entre à Jérusalem sur un petit âne n'est pas seulement le Roi d'Israël, il est le Sauveur, il est le Fils de Dieu : vraiment homme et vraiment Dieu ! Le paradoxe est que pour comprendre cela il faudra l'abaissement volontaire de la Passion et de la mort en croix. Luc a une expression qui pourrait presque nous choquer à la fin de son récit de la Passion : « *Et tous les gens qui s'étaient rassemblés pour ce spectacle, voyant ce qui était arrivé, s'en retournaient en se frappant la poitrine.* » La Passion serait-elle un spectacle ? Les personnes qui étendaient leurs vêtements sur le chemin louaient Dieu dans la joie « pour tous les

---

2 Cf. Matthieu 21,8 ; Marc 11, 8 et Jean 12,13

3 Luc 2, 14

miracles qu'ils avaient vus ». Ils confessaient en Jésus leur Roi. Et si la Passion était le plus grand miracle du Christ ? Le plus spectaculaire, justement ? Celui de son abaissement volontaire, de sa victoire définitive sur le mal et notre péché... Un Dieu qui consent à mourir pour nous offrir la vie en abondance ! Ceux qui ont contemplé le spectacle de la Passion n'honorent pas Jésus en jetant leurs manteaux à terre. Ils l'honorent en se frappant la poitrine. Le spectacle de la Passion nous conduit en effet à nous reconnaître pécheurs, et à reconnaître dans cet homme humilié, torturé, mort, bien plus qu'un Roi : le Sauveur, le Seigneur !

Que cette liturgie des Rameaux et de la Passion nous introduise dans une connaissance toujours plus vraie et plus intérieure du Christ notre Sauveur ! Puissions-nous tomber à genoux et confesser la divinité du Christ ! Ne lui offrons pas des choses extérieures, des vêtements ou des rameaux : offrons-lui plutôt notre cœur brisé et contrit. *Demandons-lui de changer notre cœur de pierre en un cœur de chair. Tout au long de cette grande semaine sainte, laissons jaillir au plus profond de nous-mêmes l'Amour divin, laissons toute la place à l'Esprit du Seigneur.*

Messe de la Cène du Seigneur

Jeudi Saint 2006

Jean 13,1-15

« *Vous ne ressentez pas ce que veut dire pour moi 'Agnus Dei qui tollis peccata mundi', ou d'autres prières semblables. Quand, depuis la plus tendre enfance, on a été initié comme je le fus aux mystères sacrés de notre religion. Lorsqu'on reprend à nouveau des paroles mille fois entendues pour les mettre en musique, tout cela vous revient, reprend consistance, et vous remue l'âme.* » Cet extrait d'une lettre de Mozart me servira d'introduction.

Parmi les prières de l'ordinaire de la messe, il en est une de particulièrement étonnante. Elle se situe juste avant le rite de communion : « Agneau de Dieu qui enlèves le péché du monde, prends pitié de nous, donne-nous la paix. » Nous nous adressons au Christ, présent dans l'Eucharistie, en l'appelant « Agneau de Dieu ».

La première lecture de cette messe nous fournit la clef de compréhension de cette prière que nous faisons peut-être bien machinalement sans nous rendre compte de toute sa richesse. Ce passage de l'Exode nous rapporte le rite de la Pâque chez les Hébreux. Et ce rite comprend l'immolation, le sacrifice d'un agneau. L'agneau des Hébreux annonce le Christ, l'Agneau de Dieu, immolé sur le bois de la Croix et offert en communion à chaque eucharistie. L'agneau des Hébreux devait être « sans défaut » ; le Christ, lui, est sans péché, parfaitement saint. Le sang de l'agneau sur les maisons a protégé les Hébreux de la mort ; le sang du Christ, Agneau véritable, dans le temple de nos corps, est promesse de vie éternelle, intime communion avec Dieu. Nous comprenons alors le sens de ce que saint Paul écrit aux Corinthiens : « *Le Christ est notre victime pascale* »[4]. Pourquoi le Christ est-il devenu notre victime pascale, l'Agneau de Dieu ? Pour enlever les péchés du monde, pour nous purifier de tous nos péchés. La Pâque des Hébreux est ainsi une annonce du sacrement dont nous célébrons l'institution ce soir : le sacrement de l'eucharistie. Dans le rite de la Pâque il y a le sang de l'agneau immolé. Il y a aussi la consommation des pains sans levain. Dans le cadre de la Pâque juive, Jésus, le soir du jeudi saint, institue « la nouvelle Alliance en son sang ». Et le sacrement, le mémorial de cette Alliance nouvelle et éternelle, c'est l'eucharistie.

Nous pouvons lire *le psaume 115* comme une annonce du sacrement de l'eucharistie. Le psalmiste dit en effet : « *J'élèverai la coupe du salut. Je t'offrirai le sacrifice d'action de grâce.* » Oui, l'eucharistie est vraiment « le sacrifice d'action de grâce ». La messe est un sacrifice car elle rend présent et agissant pour nous l'unique sacrifice du Christ sur la croix. Elle nous permet de communier au corps et au sang de l'Agneau de Dieu immolé, mort et ressuscité. Elle est sacrifice d'action de grâce. Avant le chant du Sanctus, le prêtre chante ou proclame une très belle prière nommée

---
4 1 Corinthiens 5, 7

« Préface ». Elle commence généralement toujours par les mêmes mots : « *Vraiment, il est juste et bon de te rendre gloire, de t'offrir notre action de grâce, toujours et en tout lieu, à toi, Père très saint, Dieu éternel et tout puissant, par le Christ, notre Seigneur.* » La préface est adressée à Dieu notre Père pour lui rendre grâce. Elle nous dit bien le sens du sacrement de l'eucharistie. Dans ce sacrifice et dans ce mémorial, nous disons à Dieu notre reconnaissance pour tous ses bienfaits, et en premier lieu pour nous avoir donné comme Sauveur, Jésus, son Fils unique.

Dans une époque où beaucoup ne savent plus dire merci parce qu'ils sont aveugles pour reconnaître les dons de Dieu, l'eucharistie est une merveilleuse école pour réapprendre la gratitude. Nous nous plaignons facilement, nous sommes de perpétuels insatisfaits. Et si nous regardions tous les bienfaits humains et spirituels dont nous sommes comblés ? Pour dire merci à Dieu et aux autres. Ne gardons pas pour nous les dons reçus, mais mettons-les au service de nos frères dans la famille, au collège, au lycée et dans l'Eglise. Dans l'eucharistie nous recevons beaucoup, donnons généreusement. Il est essentiel d'être fidèles à la messe du dimanche pour de multiples raisons. Entre autres choses parce que si nous participons de tout notre cœur au sacrifice d'action de grâce du Christ, nous serons peu à peu transformés, nous deviendrons capables de vivre ce que saint Paul demandait aux Romains :
« *Je vous en prie, frères, au nom de Dieu et de sa grande tendresse, offrez à Dieu votre propre personne comme une victime vivante et sainte, capable de lui plaire : c'est là l'hommage d'une créature raisonnable. Ne vous laissez pas façonner par ce monde, quand c'est le renouveau intérieur qui doit vous transformer. Alors vous pourrez reconnaître ce que Dieu veut, ce qui est bien, ce qui lui plaît, ce qui est parfait.*[5] »

---

5 Romains 12, 1.2

Vendredi saint 2004

Office de la Passion du Seigneur

Jean 18,1-19,42

La liturgie de la Parole propre à l'office de la Passion est d'une richesse extraordinaire. Il faudrait passer des heures et des heures à lire et à méditer ces textes bibliques au contenu si dense et significatif. Je pense tout particulièrement à la première lecture (le quatrième chant du serviteur souffrant en Isaïe) et surtout au magnifique récit de la Passion selon saint Jean.

Je partirai d'un fait qui peut aisément passer inaperçu : le récit de la Passion en saint Jean commence dans un jardin, celui de Gethsémani, et s'achève dans un jardin, celui du tombeau de Jésus. Tout connaisseur de la Bible découvrira dans ce fait qui peut paraître anodin un sens profond. L'évangéliste nous invite ainsi à nous reporter aux toutes premières pages de la Bible, au second récit de la création en Genèse 2. Souvenez-vous : « Le Seigneur Dieu planta un jardin en Eden, à l'Orient, et il y plaça l'homme qu'il avait formé ». La suite vous la connaissez : la tentation, la chute originelle, le péché des origines etc. Et la conséquence de tout cela : « Le Seigneur Dieu renvoya donc l'homme du jardin d'Eden pour qu'il cultive le sol d'où il avait été tiré. Il chassa l'homme ». Tout ce que Jésus endure entre le jardin de Gethsémani et le jardin du tombeau n'a aucun sens sans référence au péché originel et à nos propres péchés. Dans la foi catholique le péché originel est une doctrine importante sans laquelle nous ne pouvons pas comprendre ce que nous célébrons en ce jour, sans laquelle le baptême des bébés et des petits enfants n'a plus aucun sens. Blaise Pascal dans ses Pensées souligne cette importance du péché originel dans l'ensemble de la foi chrétienne. Je le cite : « Chose étonnante cependant que le mystère le plus éloigné de notre connaissance qui est celui de la transmission du péché soit une chose sans laquelle nous ne pouvons avoir aucune connaissance de nous-même…

Certainement rien ne nous heurte plus rudement que cette doctrine. Et cependant sans ce mystère, le plus incompréhensible de tous, nous sommes incompréhensibles à nous-mêmes. Le nœud de notre condition prend ses replis et ses tours dans cet abîme. De sorte que l'homme est plus inconcevable sans ce mystère, que ce mystère n'est inconcevable à l'homme ». Le péché d'Adam et d'Eve est fondamentalement une désobéissance à Dieu. Mais derrière cette désobéissance il y a d'une part l'orgueil et d'autre part le manque de confiance en Dieu. Les conséquences de cette rupture de communion avec Dieu Père et Créateur sont variées. Dans la première lecture notre condition de créatures déchues est bien décrite : « Nous étions tous errants comme des brebis, chacun suivait son propre chemin ». Et derrière la question de Pilate, « Qu'est-ce que la vérité ? », nous devinons le scepticisme de l'homme dont la raison a été affaiblie par le péché. Nous ne sommes plus capables de connaître la plénitude de la vérité sur Dieu et sur nous-mêmes sans la révélation chrétienne. La preuve en est que les philosophes, pour lesquels j'ai un grand respect, ont tout dit et le contraire de tout au long de l'histoire humaine. Certains philosophes sont croyants, d'autres sont athées, d'autres encore sont agnostiques un peu à la manière de Pilate le sceptique. Et tous prétendaient également utiliser les lumières de la raison humaine.

Jésus dans sa Passion s'humilie pour nous libérer de l'orgueil. Il obéit à la volonté du Père pour nous libérer de la désobéissance du péché originel. Adam et Eve avaient voulu égaler Dieu par leurs forces humaines. Ils avaient voulu s'élever au rang de Dieu. En Jésus Dieu veut s'abaisser au rang de l'homme. Comme l'affirment les Pères de l'Eglise : Dieu s'est fait homme pour que l'homme soit dieu (divinisé). Par sa Passion Notre Seigneur nous ouvre à nouveau l'accès au jardin d'Eden, au Paradis, lieu de l'amitié avec Dieu. Je laisserai le mot de la fin à Pascal qui nous montre comment vivre ce retour au Père :

« Il faut des mouvements de bassesse, non de nature, mais de pénitence non pour y demeurer mais pour aller à la grandeur. Il faut des mouvements de grandeur, non de mérite mais de grâce et après avoir passé par la bassesse ».

Pâques 2011

Jean 20, 1-9

Nous voici parvenus au sommet de notre année chrétienne. Même si, en France et dans d'autres pays chrétiens, Noël et le dimanche des Rameaux sont des fêtes plus populaires que Pâques, il n'en reste pas moins vrai que l'événement de Pâques est au centre de notre foi chrétienne. Et tout le temps pascal nous est donné par l'Eglise pour faire mémoire de cet événement et en saisir toute la puissance dans nos vies, particulièrement à travers les sacrements. La fête de ce jour est donc inséparable des autres fêtes du temps pascal : l'Ascension du Seigneur et la Pentecôte. D'une certaine manière c'est avec la Pentecôte, le don de l'Esprit Saint, que l'une des dernières paroles du Christ en croix se réalisera : « Tout est accompli ». Oui, avec la venue du Saint Esprit sur la première Eglise le Ressuscité a mené son œuvre de salut, de réconciliation et de sanctification à sa perfection.

Avant de méditer la page d'Evangile qui nous est proposée par la liturgie deux remarques s'imposent. Tout d'abord nous ne trouvons pas dans le Nouveau Testament une description du moment de la résurrection du Christ. L'entrée définitive du Seigneur Jésus dans la vie et la gloire de Dieu échappe à tout regard humain. Sa victoire sur la mort ne se constate pas comme si elle ressemblait à une victoire humaine à l'issue d'une bataille ordinaire. Ensuite l'Eglise, pour ce saint jour de Pâques, a choisi un Evangile du tombeau vide et non pas l'une des manifestations du Ressuscité aux apôtres et aux saintes femmes. Il n'y a donc dans cette page évangélique rien d'extraordinaire, rien qui puisse nous en mettre plein la vue. Elle est le contraire d'une mise en scène grandiose telle que les artistes ont pu parfois l'imaginer. Ici le témoignage est simple et humble pour un événement unique dans l'histoire de toute notre humanité. Cette discrétion et cette retenue dans la manière de présenter le matin de Pâques nous rappellent à quel point la foi en la résurrection a mis bien du temps avant de conquérir le cœur des premiers disciples, eux qui « n'avaient pas vu que, d'après l'Ecriture, il fallait que Jésus ressuscite d'entre les morts ». Ces hommes et ces femmes n'étaient pas d'un tempérament crédule, bien au contraire.

Dès que le repos du Sabbat est terminé Marie Madeleine se lève très tôt pour aller au tombeau. Marie, la pécheresse convertie, se met en route de grand matin non pas parce qu'elle pense voir Jésus Ressuscité mais parce que son amour pour lui est immense. Marie est une femme fidèle à son Maître et elle veut l'honorer une dernière fois et peut-être achever, comme nous le disent les autres Evangiles, la toilette funéraire du crucifié. Et que voit-elle donc ? Le tombeau ouvert ! Sans même pénétrer à l'intérieur de celui-ci elle repart en courant vers la ville pour annoncer cette nouvelle à Pierre et à Jean. Ce n'est pas la Bonne Nouvelle de Pâques qu'elle leur annonce, pour elle il s'agit d'un enlèvement, le cadavre de Jésus aurait été volé, malgré les gardes postés devant le tombeau à la demande des prêtres Juifs. Et voilà Pierre et Jean qui se mettent à courir pour aller vérifier les dires de Marie Madeleine. Jean est le plus rapide, il arrive en premier. Probablement parce que son attachement pour Jésus est plus fort. Il a été le seul homme fidèle dans cette histoire, présent au pied de la croix avec les saintes femmes. Sans entrer dans le tombeau pour laisser à Pierre le rôle de premier témoin il voit le linceul. Pierre de même constate que les linges funéraires sont là mais sans le corps de Jésus. Voilà les premiers signes de Pâques : un tombeau vide, des linges funéraires. Ces signes suffisent à donner à Jean la foi pascale en la résurrection du Seigneur : « Il vit et il crut ».

Cet Evangile de Pâques peut nous amener à deux réflexions pour notre vie chrétienne. L'une sur les signes de Dieu, l'autre sur la puissance de ce mystère. Pendant le temps pascal nous pourrions prier en ayant dans le cœur ces deux interrogations. Dans notre monde, dans ma vie, bien des événements peuvent me ramener au vendredi saint et au sentiment de mon impuissance devant le mal en moi et autour de moi. Je dois demander à l'Esprit Saint, l'Esprit de mon baptême et de ma confirmation, de me faire voir les signes de Dieu. Ils sont souvent humbles et discrets, étouffés par une actualité désespérante. En tant que disciple du Ressuscité je ne suis pas épargné par le mal, encore moins insensible à sa présence. Mais ma foi me donne de le vaincre déjà en reconnaissant les signes de Dieu. Ensuite je sais que cette réalité de Pâques peut changer ma vie. L'Evangile est vraiment puissance de Dieu en ma faveur. Je peux demander à l'Esprit Saint de réveiller ma foi, de la rendre plus forte. Car c'est ma foi en Jésus Ressuscité qui me permettra effectivement de changer, de devenir meilleur jour après jour, et de rayonner autour de moi la bonté et la lumière de Dieu. En tant que disciple de Jésus je ne peux jamais me résigner ou m'avouer vaincu devant les multiples manifestations du mal et de la mort. Ce Jésus Ressuscité, ce Vivant, il n'est pas seulement à la droite du Père, dans la gloire de la Trinité. Il est auprès de moi, avec moi et en moi. Que pourrais-je craindre désormais ? Si ce n'est de ne pas assez l'aimer ou de lui être infidèle ? C'est dans un jardin que la mort a semblé triompher du Fils de Dieu. Ce jardin du tombeau neuf puis du tombeau vide, rappel du jardin d'Eden dans lequel nous avions perdu l'amitié de Dieu. En me donnant part à son Esprit d'amour, le Ressuscité fait de mon cœur son jardin, son nouveau paradis, et jour après jour il est le divin cultivateur, celui qui me renouvelle et me donne un cœur aimant, un cœur de fils, un cœur à son image. Alors si mon cœur se laisse vraiment embraser par le feu de l'amour divin, mes mains s'ouvriront pour prier le Père et pour servir mes frères. Alors mes pieds courront sur les chemins de la réconciliation et de la paix.

Le premier mai Jean-Paul II sera déclaré bienheureux. Ce géant de la foi, signe de Dieu pour notre temps, avait commencé son pontificat par un appel, écho de l'événement de Pâques : « N'ayez pas peur ! » Et il l'a vécu à travers tout son pontificat : géant de la foi, il a été un homme audacieux et courageux dans bien des domaines. Moi aussi je peux être un chrétien bienheureux. Si je laisse le Christ Vivant me libérer de plus en plus de l'esclavage de la peur pour entrer dans la joie des fils de Dieu. Cette joie que nul ne peut nous ravir.

2ème dimanche de Pâques

Jean 20, 19-31

2010

Le dimanche de l'octave de Pâques est une célébration de la miséricorde divine. Dans l'Evangile de cette liturgie, il y a une référence à cette miséricorde :
Jésus répandit sur eux son souffle et il leur dit : « Recevez l'Esprit Saint. Tout homme à qui vous remettrez ses péchés, ils lui seront remis ; tout homme à qui vous maintiendrez ses péchés, ils lui seront maintenus. »
Le premier fruit du mystère pascal, c'est le don de l'Esprit Saint aux apôtres, et à travers eux à toute l'Eglise. Et ce don de l'Esprit de Dieu est en vue de la manifestation de sa miséricorde envers tous les hommes, en vue du pardon des péchés par le ministère de l'Église. Tout cela est cohérent. Dans la Sainte Trinité l'Esprit est la Personne Amour, Il est le lien d'amour entre le Père et le Fils. Et *c'est bien parce que Dieu est Amour qu'il est aussi celui qui fait miséricorde, celui qui pardonne*. Le Coran souligne de très nombreuses fois que Dieu est miséricordieux, mais il ne signale pas la source de cette miséricorde : Dieu aime ses créatures. Célébrer la miséricorde de Dieu qui nous parvient par le mystère du Christ et dans l'Esprit Saint, c'est revenir à l'essentiel de la révélation chrétienne, un essentiel condensé en trois mots lumineux de simplicité par l'apôtre saint Jean : « *Dieu est Amour* ». En effet l'être le plus profond de Dieu Trinité est relation d'Amour puis communication de ce même Amour à sa création. En disant que Dieu est Bon, nous disons de lui l'essentiel. Tout le reste n'est que la conséquence de cette vérité première. Tout le reste est secondaire, tout le reste doit être compris à la lumière de cette affirmation fondamentale. Comme quand nous disons de Dieu, par exemple, qu'Il est juste. C'est parce que Dieu est Bon, qu'en Lui la miséricorde et la justice ne s'opposent pas, mais au contraire sont des qualités inséparables. Nous comprenons ainsi que la miséricorde n'est pas une qualité ajoutée en Dieu, comme si Dieu pouvait choisir de ne pas être miséricordieux... Non, la miséricorde fait partie de l'être même de Dieu puisqu'en Lui il n'y aucune place pour le mal, pour la rancune ou la vengeance, puisque le cœur de Dieu n'est que pure bonté.

Le don que le Christ Ressuscité fait à ses apôtres en vue de la réconciliation du genre humain avec le Père se situe dans une ambiance de peur. Après Pâques les apôtres sont enfermés par peur des Juifs. La miséricorde de Dieu, en tant que manifestation de son amour patient, va faire passer les apôtres de la peur à l'audace de la foi. Pâques pour eux comme pour tout chrétien sera la résurrection de la foi et de la confiance, le passage justement, non seulement de la mort à la vie, mais de la peur et du doute à la foi et à la confiance. Dans notre première lecture, lorsque le Ressuscité se manifeste à Jean dans une vision, il reprend le message pascal adressé aux saintes femmes venues visiter le tombeau :

Quand je le vis, je tombai comme mort à ses pieds, mais il posa sur moi sa main droite, en disant : Sois sans crainte. Je suis le Premier et le Dernier, je suis le Vivant : j'étais mort, mais me voici vivant pour les siècles des siècles, et je détiens les clés de la mort et du séjour des morts.

C'est ce message pascal du Ressuscité que Jean-Paul II avait choisi en 1978 pour inaugurer son pontificat, et il n'a pas cessé jusqu'à sa mort de le répéter à tous : « N'ayez pas peur ! » Nous, catholiques de France, nous pourrions être tentés par la peur, et sa conséquence : le repli identitaire, le ghetto catholique voire l'intégrisme. Nous savons bien que la France n'est plus un pays réellement chrétien. Il subsiste un vernis de christianisme, mais pour combien de temps encore ? Certains prennent peur en constatant la baisse du nombre des prêtres, le manque de renouvellement du clergé. Mais nous devrions surtout comprendre que s'il y a moins de prêtres qu'avant, c'est parce qu'il y a aussi moins de croyants. Notre problème n'est donc pas le manque de prêtres, mais le manque de foi. Seule une foi vivante nous permet d'échapper à cette tentation inspirée par la peur devant des statistiques en baisse. Seule une foi vivante nous pousse à témoigner de la joie d'être chrétiens dans une société qui semble se désintéresser de plus en plus de la religion catholique. Le défi pour nous consiste à rattacher la pratique de notre religion à une vraie spiritualité. Car nos contemporains, même s'ils rejettent les religions, ont un grand besoin de spiritualité. A nous de montrer par notre vie et par nos actes que nous trouvons *ce supplément d'âme dans l'Evangile du Christ*. A nous de témoigner que la foi catholique n'est pas d'abord un fardeau, un ensemble d'obligations et de rites, mais une relation vivante avec Celui qui est le Vivant. A nous de témoigner que la foi est une force merveilleuse capable de transporter les montagnes, que la foi est ce trésor par lequel nous entrons en relation avec le Dieu Trinité. Ce témoignage, nous pourrons le donner à la suite des apôtres, si nous faisons vraiment l'expérience de la prière communautaire et personnelle. A nous de témoigner que la prière est la respiration de notre vie, le soleil de nos journées ! Tout simplement parce que la prière est une rencontre avec le Dieu Amour, une ouverture de tout notre être à sa Vie qui a vaincu la mort et le mal. Notre témoignage n'est pas d'abord la défense d'une religion, d'une institution, l'Eglise, mais la profonde conviction que sans la Vie du Christ Ressuscité en nous notre vie perd son sens, sa saveur et son goût. Témoigner en vérité, n'est-ce pas donner à ceux que nous fréquentons la faim et la soif de la rencontre avec le Dieu Vivant ? Nous sommes peu nombreux, mais est-ce une raison pour avoir peur ? Ecoutons la parole de Jésus :

Sois sans crainte, petit troupeau, car votre Père a trouvé bon de vous donner le Royaume.

3ème dimanche de Pâques

Jean 21, 1-19
2010

En ce dimanche du temps de Pâques nous méditons la fin de l'Evangile selon saint Jean. Marie-Madeleine avait annoncé la Bonne Nouvelle de la résurrection aux disciples. Jésus lui-même s'était manifesté aux apôtres et en particulier à Thomas (l'évangile de dimanche dernier). Le Ressuscité leur avait donné l'Esprit Saint et les avait envoyés en mission : « *Comme le Père m'a envoyé, moi aussi je vous envoie* ». Et de manière étrange nous retrouvons le groupe des apôtres au bord du lac de Tibériade. Ils ont quitté Jérusalem pour rejoindre leur Galilée natale, au nord d'Israël. Ils semblent avoir repris leur activité habituelle de pêcheurs comme si rien ne s'était passé entre temps... Il est vrai que le Ressuscité avait demandé à ses disciples de l'attendre en Galilée. Mais cette finale de l'Evangile nous renvoie d'une manière déconcertante au commencement du même Evangile, à l'appel des disciples. D'ailleurs la dernière parole du Christ est bien celle de l'appel renouvelé à Pierre : « Suis-moi ! » Les spécialistes de la Bible nous expliquent que ce chapitre 21 aurait été ajouté en appendice à la fin de l'Evangile selon saint Jean, ce qui expliquerait en partie l'étrangeté de la situation.

Pour notre méditation retenons d'abord un premier point.
Au lever du jour, Jésus était là, sur le rivage, mais les disciples ne savaient pas que c'était lui.
Les disciples sont dans la même situation que les disciples d'Emmaüs en saint Luc. Le Seigneur se manifeste à eux mais ils ne le reconnaissent pas. Notons que le Ressuscité choisit de se manifester à eux dans ce qui constitue l'ordinaire de leur vie : leur travail de pêcheurs. Comme sur la route d'Emmaüs il s'était intéressé à la vie et aux sentiments des deux disciples. C'est un premier point spirituel important pour nous. Si le Christ est vraiment ressuscité, s'Il est le Vivant, *où allons-nous trouver le signe de sa présence et de son passage ?* Dans les sacrements bien sûr, dans la vie de prière. Mais aussi et peut-être même d'abord dans notre vie de tous les jours, dans les événements banals qui tissent le quotidien de nos existences. Simplement nous ressemblons bien souvent aux disciples au bord du lac, nous ne le savons pas, nous n'en prenons pas conscience, *nous passons à côté de cette présence quotidienne du Ressuscité à nos côtés*. Pourquoi ? Parce que nous ne regardons pas l'ordinaire de nos vies avec les yeux de la foi. Avec le regard de la foi, avec cette présence permanente du Ressuscité à nos côtés, *l'ordinaire de nos vies n'est plus banal, mais devient précisément un lieu spirituel, un lieu de rencontre avec le salut apporté par le Christ.*
Le deuxième point de notre méditation porte sur ce passage de l'aveuglement à la reconnaissance.

Il leur dit : « Jetez le filet à droite de la barque, et vous trouverez. » Ils jetèrent donc le filet, et cette fois ils n'arrivaient pas à le ramener, tellement il y avait de poisson. Alors, le disciple que Jésus aimait dit à Pierre : « C'est le Seigneur ! » Quand Simon-Pierre l'entendit déclarer que c'était le Seigneur, il passa un vêtement, car il n'avait rien sur lui, et il se jeta à l'eau.

Pour leur faire faire ce passage, Jésus va refaire un signe du passé : la pêche miraculeuse. Comme devant les disciples d'Emmaüs, il a en quelque sorte refait les gestes de la multiplication des pains. Cette pêche miraculeuse d'après Pâques est la manière qu'a le Christ de se faire reconnaître de ses disciples. Comme au matin de Pâques, c'est Jean qui est le plus rapide, Jean qui comprend le premier le message : « C'est le Seigneur ! » Dans l'ordre de l'amour Jean est le premier. Mais c'est Pierre qui sera confirmé dans sa mission de « premier » des apôtres dans l'Eglise. Jésus lui rappelant à trois reprises qu'il doit imiter Jean dans son amour pour lui. *La hiérarchie de l'Eglise, le service du gouvernement pastoral*, ne dépend pas d'abord des mérites personnels de celui qui est appelé, mais bien de la grâce de Dieu. Tout appel de Dieu est aussi un appel à correspondre à la grâce par l'amour, d'où la triple question du Christ au chef des apôtres. L'histoire de l'Eglise nous montre que les papes, les évêques et les prêtres ne sont pas forcément les plus saints dans le peuple de Dieu. Mais être pape, évêque ou prêtre, c'est toujours recevoir un appel à la sainteté de l'amour pour Dieu et pour tous les hommes : « Suis-moi ».

Jésus dit alors : « Venez déjeuner. » Aucun des disciples n'osait lui demander : « Qui es-tu ? » Ils savaient que c'était le Seigneur.

A l'issue de ce pique-nique pascal, les disciples savent, leurs yeux se sont ouverts, grâce au signe de la pêche surabondante.

Pour ouvrir nos yeux, pour réveiller notre foi, le Christ nous conduit par les mêmes chemins encore aujourd'hui. A travers certains événements qui nous rappellent des moments de notre passé, des grâces reçues autrefois, il nous redit sa présence indéfectible à nos côtés. C'est pour cette raison qu'il est essentiel de faire de temps en temps une relecture de notre vie à la lumière de tout ce que nous avons déjà vécu et reçu. Et alors d'un seul coup tout prend sens, tout s'illumine, même parfois telle épreuve qui nous révolte… D'où l'importance de vivre aussi une fois par an un temps de retraite spirituelle ou de récollection pour nous retrouver avec Jésus au bord du lac et accueillir dans nos cœurs ouverts la surabondance de son amour de Ressuscité !

4ème dimanche de Pâques

Journée mondiale de prière pour les vocations

Actes des apôtres 13, 14.43-52

2004

En cette 41ème journée mondiale de prière pour les vocations la première lecture me semble présenter un intérêt particulier. Extraite du livre des Actes des apôtres elle nous montre d'une manière saisissante le ministère apostolique à travers les figures de Paul et de Barnabé. Nous sommes au début de l'histoire de notre Eglise, au début de l'évangélisation. Nous sommes aussi à une étape charnière, décisive, qui va engager l'Eglise dans une grande aventure missionnaire. Et si nous sommes là aujourd'hui c'est certainement en partie grâce à ce qui s'est passé ce jour-là à Antioche de Pisidie. A vingt siècles de distance on pourrait croire que cette Parole de Dieu est davantage historique qu'actuelle. En fait il n'en est rien. Certes les circonstances extérieures (géographiques, historiques, culturelles) sont bien différentes. Mais le dynamisme missionnaire dont témoigne cette Parole de Dieu est plus que jamais d'actualité. Et certains mécanismes se retrouvent dans l'histoire de nos communautés paroissiales.

Au moment où Paul et Barnabé arrivent à Antioche la séparation entre Juifs et chrétiens est loin d'être consommée. D'ailleurs les apôtres sont fidèles à l'exemple et à l'enseignement de Jésus qui a toujours été en priorité vers les brebis perdues de la Maison d'Israël. Et c'est donc tout naturellement dans la synagogue qu'ils se rendent le jour du sabbat en bons juifs qu'ils sont. Tout comme Jésus avait prêché dans la synagogue de Nazareth Paul va lui aussi prendre la parole. Au terme de son sermon (absent du texte liturgique) il entraîne à sa suite un grand nombre d'auditeurs. Et il continue sa prédication dans la rue, une fois l'office terminé, encourageant ceux qui le suivent à « rester fidèles à la grâce de Dieu ». Nous avons donc là un premier aspect du ministère apostolique : la prédication dans le cadre de la liturgie et la conversation dans la rue et sur les places. C'est l'importance de la parole. La parole des apôtres se met au service de la Parole du Seigneur.

Le samedi suivant Paul et Barnabé rencontrent un franc succès puisque la synagogue est pleine à craquer. Et avec ce succès viennent les premiers obstacles : certainement par jalousie les Juifs, nous dit saint Luc, furent remplis de fureur et commencèrent à injurier les prédicateurs. Paul et Barnabé ne se laissent pas ébranler et ils répondent avec assurance : « Nous nous tournons vers les païens ». Il est frappant de constater comment Dieu transforme cet obstacle en une nouvelle chance pour l'Eglise naissante. Remplis de l'Esprit Saint les apôtres ne se découragent pas. En même temps ils n'insistent pas et ne veulent pas s'imposer aux Juifs qui rejettent leur prédication. Ils sont libres et respectent la liberté de leurs auditeurs. C'est une étape essentielle qui est donc franchie à ce moment-là dans la mission de l'Eglise primitive : la prise de conscience que l'Evangile s'adresse aussi aux non-Juifs, c'est-à-dire aux païens – à ceux qui sont en dehors de la synagogue. Et à la fureur des juifs correspond la joie des païens qui accueillent la Parole de Dieu. « Tous ceux que Dieu avaient préparés pour la vie éternelle devinrent croyants ». Dieu a précédé les missionnaires dans leur œuvre de prédication. Par l'Esprit Saint il a préparé et disposé de manière intérieure les cœurs des païens. Cela nous rappelle que la mission de l'Eglise est toujours et d'abord l'œuvre de Dieu et de sa Parole. Lui seul peut convertir les cœurs.

Et voilà qu'un nouvel obstacle se profile à l'horizon : les dames influentes et les notables de la ville vont chasser les apôtres d'Antioche de Pisidie. Pour les gens bien installés dans leurs habitudes et traditions la présence de ces prédicateurs est devenue insupportable. Derrière cela il y a peut-être de la jalousie et du mépris par rapport aux nouveaux venus dans la communauté, les païens... Paul et Barnabé obéissent à l'enseignement de Jésus et quittent Antioche en secouant la poussière de leurs pieds. Encore une fois ils ne sont pas là pour s'imposer à quiconque. Si l'on ne veut pas d'eux ils partent. Et de cette nouvelle épreuve va naître une grâce nouvelle : l'évangélisation d'une autre ville, Iconium.

5ème dimanche de Pâques

Jean 13, 31-35

2010

Nous sommes, liturgiquement, dans *ce temps entre Pâques et l'Ascension*. Ce que le Seigneur dit à ses apôtres lors de la dernière Cène correspond bien au temps liturgique que nous vivons, temps qui atteindra son sommet avec la Pentecôte : « *Mes petits enfants, je suis encore avec vous, mais pour peu de temps* ». Le temps pascal nous invite à redécouvrir d'une manière plus intense la présence du Christ Ressuscité dans nos vies, dans la vie de l'Eglise et dans celle du monde puisqu'il est aussi le Roi de l'univers. La fête de l'Ascension nous rappellera ce passage d'une présence visible à une présence invisible mais tout aussi réelle. C'est dans ce contexte que le Ressuscité nous laisse son testament sous la forme d'un commandement nouveau : l'amour fraternel. Chaque fois que nous sommes fidèles à ce commandement nouveau, nous expérimentons d'une manière unique la présence du Ressuscité dans nos vies et dans nos cœurs. Le Ressuscité ne se rend pas présent uniquement par sa Parole, par les sacrements, par la vie de prière mais aussi, ne l'oublions pas, dans notre vie tout entière si elle est fidèle au commandement de l'amour. Chaque fois que nous aimons en actes et en vérité, nous manifestons au monde la présence du Ressuscité. Et nous en faisons en même temps une expérience personnelle.

« Comme je vous ai aimés, vous aussi, aimez-vous les uns les autres ». Ce commandement nouveau représente bien le sommet de la vie chrétienne, la perfection de la sainteté. Ce commandement nous trace un chemin de vie, de résurrection que nous n'aurons jamais fini d'explorer. Sur ce chemin nous sommes toujours à la traîne, nous avons toujours à progresser, à avancer à travers « bien des épreuves pour entrer dans le royaume de Dieu ». La grâce suprême, celle qui consiste après notre mort à nous réjouir de la présence de Dieu avec tous les saints et toutes les saintes, cette grâce n'est en fait que l'aboutissement d'une vie vécue dans la charité du Christ. Nous le savons bien : ce programme dépasse nos simples forces humaines. Et il faudra que l'Esprit de Pentecôte soit donné à l'Eglise et à chaque disciple pour que nous puissions mettre en pratique le commandement de l'amour. Reconnaître la difficulté de ce chemin ne doit jamais nous décourager ou nous dispenser de nous remettre en question. Si Jésus nous demande d'aimer, c'est parce qu'avec sa grâce cela nous est rendu possible. Aussi nous avons à mettre la prière à l'Esprit Saint, Amour entre le Père et le Fils, au cœur de notre programme de vie. Nous voyons l'Esprit de Dieu agir chez des non-chrétiens et même chez des non-croyants... Pourquoi ne ferait-il pas en nous qui sommes les membres de l'Eglise, des merveilles d'amour ? Douterions-nous de sa puissance ? Concrètement la prière persévérante à l'Esprit Saint est le meilleur moyen d'entrer dans la volonté du Seigneur sur nous. Et c'est dans cette atmosphère spirituelle que nous avons ensuite à considérer les cercles de nos relations humaines et à nous poser la question de notre fidélité au commandement de l'amour : ma famille, mon milieu professionnel, ma paroisse, ma ville ou mon village, mon pays etc. Sans exclure personne puisque le Seigneur nous demande d'aimer comme lui, à sa manière, c'est-à-dire de manière catholique, universelle, jusqu'aux ennemis. Dans l'Evangile de ce dimanche il s'agit d'un aspect de cet amour : l'amour fraternel entre disciples du Christ dans l'Eglise. C'est la pratique effective de cet amour qui montrera à tous les hommes que nous sommes vraiment les disciples du Ressuscité. C'est cette pratique du commandement nouveau qui édifie l'Eglise et rend témoignage auprès des non-croyants. Cet amour fraternel suppose que nous ayons le sens du bien commun, le sens communautaire qui fait d'une paroisse bien plus qu'un rassemblement de croyants isolés chaque dimanche... Une paroisse, ça devrait être comme une famille. Il peut y avoir des désaccords, des disputes, des caractères différents, mais l'amour doit l'emporter. Avec les armes du pardon, de la réconciliation. Dans une paroisse nous sommes membres les uns des autres. *Nous n'allons pas à l'église chaque dimanche comme nous irions au supermarché une fois par semaine pour faire nos courses* : uniquement pour communier au corps du Christ sans avoir le souci des membres de ce corps qui m'entourent. C'est le sens de l'eucharistie comme rassemblement autour de l'autel. La vie divine qui nous est donnée dans le corps eucharistique de Jésus ne peut pas être séparée de la vie divine qui circule par l'amour entre les membres de l'Eglise. Autrement notre foi s'affaiblit et ne peut pas porter de fruit. Nous pourrions être tentés à notre époque par la recherche d'expériences personnelles gratifiantes de type extraordinaire : des prodiges, des extases, le parler en langues, le repos dans l'Esprit etc. Ce n'est pas ce que Jésus attend de nous. L'amour fraternel implique un réel effort de décentrement de soi pour aller vers l'autre, pour s'intéresser à lui, à ses joies comme à ses peines. Ne confondons jamais le surnaturel avec l'extraordinaire. *Aimer à la manière du Christ, voilà ce qui est surnaturel, car l'amour qui prend patience supporte tout et il ne passera jamais.*

6ᵉᵐᵉ dimanche de Pâques

Jean 14, 23-29

2010

Dimanche dernier nous avons entendu la parole du Seigneur : « Aimez-vous les uns les autres comme je vous ai aimés », le commandement de l'amour fraternel. En ce dimanche, le dernier avant l'Ascension, le Seigneur nous invite à l'aimer : « Si quelqu'un m'aime... ». Il nous adresse cette parole *pendant qu'il demeure encore avec nous*. Cette expression de l'Evangile de Jean s'applique bien sûr aux derniers jours de la vie terrestre de Jésus. Mais nous pouvons aussi l'appliquer avec l'Eglise à ce temps qui précède la fête de l'Ascension. Sans oublier que le Seigneur annonce aussi, avant d'entrer dans sa Passion, le don du Saint Esprit comme le Défenseur de l'Eglise et des fidèles.

« *Si quelqu'un m'aime, il restera fidèle à ma parole* ». Jésus nous donne ici un critère de jugement tout simple pour savoir si nous demeurons vraiment dans son amour. C'est notre fidélité à la parole du Seigneur qui prouve en effet que nous l'aimons. Cette fidélité, nous avons à la vivre suivant *deux orientations inséparables*. Cette parole du Seigneur, ce sont d'abord les quatre Evangiles au cœur et sommet de la Bible comme de la liturgie chrétienne. Etre fidèle à la parole du Seigneur, c'est donc d'abord connaître et lire avec amour les Evangiles. La méditation amoureuse de ces textes, nommée *Lectio Divina* dans la Tradition de l'Eglise, nous unit de plus en plus au Christ. Le minimum pour nous consiste à préparer notre messe du dimanche en nous appropriant personnellement la liturgie de la Parole dans la méditation et la prière. Mais cette connaissance amoureuse et priante de la Parole ne suffit pas. Car cette Parole doit devenir chair dans notre vie et dans notre personne. De la même manière que le Verbe de Dieu s'est fait chair dans le sein de la Vierge Marie, la Parole de Dieu désire s'incarner en chacun de nous. Comment ? Dans la mesure où nous voulons la mettre en pratique, l'appliquer au quotidien de nos existences humaines. Si la Parole de Dieu porte des fruits dans notre vie, alors nous savons que nous aimons Jésus et que nous lui sommes fidèles.

Et si nous vivons cette fidélité de l'amour, qui comprend aussi ses chutes et ses faiblesses, nous pouvons recevoir avec une immense joie la promesse du Seigneur : « Nous viendrons vers lui et nous ferons chez lui notre demeure ». La traduction de la Bible Osty va beaucoup plus loin que la traduction liturgique qui dit : « Nous irons demeurer auprès de lui ». Si nous vivons cette fidélité à la Parole de Jésus, alors le Père et le Fils nous promettent de venir en nous, de faire en nous leur demeure. Nous devenons véritablement des sanctuaires, des temples pour le Seigneur. Dieu n'est pas seulement à nos côtés, tout proche, il vient en nous pour y faire sa demeure. Ce miracle de l'amour divin commence avec le baptême et s'accomplit par la confirmation et la communion eucharistique. Mais il demande de notre part une libre réponse d'amour. Il ne suffit pas d'avoir reçu les sacrements pour être fidèle à la Parole du Seigneur, pour l'aimer vraiment. Avant l'Ascension Jésus nous demande de *ne pas en rester à une religion extérieure* dans laquelle seuls les rites et les sacrements ont une importance. Il nous montre que nous avons à vivre un 8ème sacrement qui est celui de l'amour fraternel et de l'amour pour Dieu dans nos vies. Si nous venons à l'église pour prier et pour nous ressourcer en communiant, c'est bien pour pouvoir vivre dans le monde ce 8ème sacrement, celui de la charité chrétienne, qui se vérifie d'abord par nos actes et nos choix quotidiens.

Dans son testament Jésus nous promet donc de venir en nous avec le Père et l'Esprit. Il ne pourra le faire qu'après sa résurrection et son ascension. C'est le Christ ressuscité, vivant à jamais, assis à la droite du Père, qui vient en nous et nous communique le don de l'Esprit. Voilà l'un des plus beaux fruits du mystère pascal, fruit intérieur et invisible : Dieu Trinité fait de chacun de nous son temple. Et le signe intérieur de la présence de Dieu c'est toujours la paix. « *C'est la paix que je vous laisse, c'est ma paix que je vous donne* ». La paix du Christ s'accompagne toujours de l'amour et de la joie. Ce sont là les fruits de l'Esprit Saint. Cette paix n'est pas celle du monde, c'est-à-dire une paix trompeuse fondée sur le mensonge et l'illusion. La paix selon le monde consiste à nous anesthésier, à nous faire croire que nous avons pris le bon chemin alors que nous nous précipitons dans le vide. La paix selon le monde endort notre conscience et nous empêche de nous remettre en question pour changer de vie lorsque c'est nécessaire. La paix du Seigneur est toujours liée à notre désir de nous rapprocher de Dieu par la conversion. C'est pour cette raison que Jésus permet parfois que nous vivions l'épreuve de la sécheresse spirituelle, comme si sa paix nous était enlevée. Soit pour interpeller notre conscience croyante, soit pour nous faire progresser dans l'union avec lui. Car nous devons aimer le Seigneur pour lui-même et pas d'abord pour le réconfort spirituel que sa paix nous procure. Si nous sommes dans sa paix, n'oublions jamais de lui dire merci. Si cette paix nous est enlevée, si nous ne la ressentons plus, alors demeurons fidèles au Seigneur Jésus, et montrons-lui notre amour au sein même de l'épreuve spirituelle, conscients qu'elle est là pour notre progrès.

Ascension du Seigneur

Luc 24, 46-53

2010

C'est avec saint Luc que nous faisons mémoire du mystère de l'Ascension du Seigneur. En effet la liturgie de la Parole nous fait entendre la finale de l'Evangile selon saint Luc et le commencement du livre des Actes des Apôtres. Ce livre est en quelque sorte le tome II de l'Evangile selon saint Luc. Ecrit par le même auteur il nous rapporte *les commencements de l'Eglise à partir de l'Ascension et de la Pentecôte.*

C'est essentiellement *à partir de la première lecture* que je vous propose de méditer ce mystère de l'Ascension comme le début, dans notre histoire humaine, du temps de l'Eglise. Luc nous dit que c'est *pendant 40 jours*, entre Pâques et l'Ascension, que le Seigneur Ressuscité s'est manifesté à ses disciples pour les confirmer dans la foi. Ce nombre symbolique nous rappelle bien sûr d'autres moments importants de l'histoire sainte dans l'Ancienne Alliance comme dans la Nouvelle, à commencer par les tentations du Christ au désert. Tentations qui inaugurent et préparent son ministère public. Et que fait le Seigneur pendant ces 40 jours ? Il parle à ses disciples du Royaume de Dieu. Il ne leur dit donc rien de nouveau. Pas de révélation nouvelle. Mais il les invite à approfondir dans la lumière de Pâques son enseignement d'avant Pâques, son premier enseignement concernant la venue du Royaume de Dieu. Enseignement donné justement après les tentations au désert. Ce rappel de la présence du Royaume de Dieu s'accompagne d'une promesse : celle du baptême dans l'Esprit Saint, « force venue d'en haut ». Avant de quitter physiquement ses disciples, voilà ce que Jésus désire partager avec eux. Encore une fois rien de nouveau, mais la confirmation de tout ce qu'il avait enseigné et promis avant sa mort et sa résurrection. Malgré les trois années de compagnonnage, les 40 jours après Pâques, les apôtres, pierres de fondation de l'Eglise, ne sont toujours pas prêts ! « Est-ce donc maintenant que tu vas rétablir le royaume d'Israël ? » Dans le texte de Luc nous passons *du Royaume de Dieu au royaume d'Israël...* Les apôtres sont encore prisonniers d'une vision étriquée de la religion, une religion réduite à un nationalisme, une religion mise au service d'une politique, d'un peuple, d'un territoire. Toute la prédication de Jésus montrait clairement que le Royaume de Dieu ne se confondait pas avec la royauté en Israël et pourtant nous voilà revenus à la case départ, juste avant l'Ascension ! Cette confusion entre la sphère spirituelle et la sphère temporelle ou politique qui est alors dans la mentalité des apôtres reviendra tout au long de l'histoire de notre Eglise sous le nom de chrétienté. Jésus n'a pas prêché la chrétienté mais la Bonne Nouvelle de l'Evangile. Et dans l'Eglise nous n'avons pas à réduire le christianisme à une simple expression temporelle historique, la chrétienté. La réponse du Seigneur va remettre les apôtres dans le droit chemin de leur mission avec délicatesse mais fermeté :

Il ne vous appartient pas de connaître les délais et les dates que le Père a fixés dans sa liberté souveraine. Mais vous allez recevoir une force, celle du Saint-Esprit, qui viendra sur vous. Alors vous serez mes témoins à Jérusalem, dans toute la Judée et la Samarie, et jusqu'aux extrémités de la terre.

Ces hommes, galiléens de naissance, Juifs de religion, reçoivent une mission universelle et spirituelle : être les témoins du Christ Seigneur et de son Evangile « jusqu'aux extrémités de la terre ». Notez bien la progression géographique, du plus local (Jérusalem) au plus universel en passant par la Judée et la Samarie. Nous retrouvons cela dans la finale de l'Evangile :

C'est bien ce qui était annoncé par l'Écriture : les souffrances du Messie, sa résurrection d'entre les morts le troisième jour, et la conversion proclamée en son nom pour le pardon des péchés à toutes les nations, en commençant par Jérusalem. C'est vous qui en êtes les témoins.

Avant son Ascension, Jésus confirme donc ses apôtres dans leur mission spirituelle de témoins de l'Evangile avec la force de l'Esprit et il en fait les pierres de fondations d'une Eglise universelle, donc catholique. L'Eglise ou le christianisme ne peuvent jamais se réduire à un nationalisme, un patriotisme, une culture localisée dans le temps et l'espace ou encore à une civilisation particulière. L'Eglise est catholique ou elle n'est pas. Et cela n'a aucun sens de parler par exemple d'une Eglise anglicane ou d'une Eglise gallicane.
La solennité de l'Ascension ouvre donc notre cœur et notre esprit aux larges horizons du Royaume de Dieu ou Royaume des cieux. L'Ascension nous rappelle que nous ne sommes que de passage ici-bas et que notre vocation ultime c'est bien d'*entrer au sanctuaire du ciel grâce au sang de Jésus.* Le temps de l'Eglise est celui de l'espérance universelle, dans l'attente et le désir du retour du Christ dans la gloire « *pour le salut de ceux qui l'attendent* ». Et c'est bien parce que nous sommes animés par cette espérance surnaturelle que nous devons, à la suite des apôtres, rendre témoignage jour après jour de la vérité et de la beauté de l'Evangile. Oui, nous sommes membres d'une Eglise qui est inséparablement catholique et apostolique.

7ème dimanche de Pâques
Jean 17, 20-26
2007

Le dimanche entre l'Ascension et la Pentecôte nous fait méditer chaque année un passage du chapitre 17 de saint Jean. Ce chapitre est le dernier avant l'entrée du Christ dans sa Passion. L'évangéliste écrit ce chapitre sous la forme d'une prière que Jésus adresse à son Père, à haute voix, en présence de ses apôtres. C'est dans cette prière du Christ que nous trouvons l'une des plus belles révélations du mystère trinitaire. Et c'est dans cette lumière trinitaire que Jésus nous demande d'envisager notre unité, notre communion dans l'Eglise.

A la source de l'unité des chrétiens il y a l'amour du Père : « *Tu les as aimés comme tu m'as aimé* ». Le Père aime divinement son Fils unique depuis toujours et pour toujours. Cet amour, puisque c'est l'amour même de Dieu, ne connaît ni commencement ni fin, ni haut ni bas. Et bien c'est avec ce même amour divin que le Père nous aime ! Révélation bouleversante entre toutes ! Saint Paul l'avait bien compris, lui qui osait écrire aux chrétiens d'Ephèse : « *Qu'il soit béni, le Dieu et Père de notre Seigneur, Jésus, le Christ ! Il nous a choisis, dans le Christ, avant que le monde fût créé, pour être saints et sans péchés devant sa face grâce à son amour. Il nous a prédestinés à être, pour lui, des fils adoptifs par Jésus, le Christ.* » Que demande le Christ à son Père ? Que nous ayons en nous cet amour par lequel le Père a aimé son Fils !

Dans sa prière Jésus demande pour ses disciples une unité parfaite. Nous en sommes apparemment bien éloignés... Il y a le scandale de la division des chrétiens. Mais il y aussi la division des catholiques entre eux ! Nous avons une fâcheuse tendance à nous réclamer de telle sensibilité, de tel mouvement avant de nous réclamer du Christ et de son Eglise. Nous inversons ainsi l'ordre normal des choses. Car ce qui compte finalement, ce qui est essentiel, ce n'est pas d'être progressiste, traditionaliste, charismatique ou intégriste ! Ce qui compte c'est d'être tout simplement catholique en communion avec notre évêque et notre pape. Chaque célébration eucharistique nous le rappelle dans la prière pour l'évêque et pour le pape. Dès le début de l'histoire de l'Eglise, Satan a voulu diviser pour bien sûr mieux régner, et retarder ainsi l'évangélisation des cœurs. Saint Paul a dû fermement s'opposer aux divisions de la communauté de Corinthe. Son langage est clair et sans détour. Puissions-nous l'accueillir pour notre temps et notre manière de nous situer dans l'unique Eglise du Christ : « *N'y a-t-il pas chez vous des rivalités et de la jalousie ? C'est donc que vous êtes charnels et vous vous conduisez comme les gens ordinaires. Tant que vous dites ; « Je suis pour Paul », ou : « Je suis pour Apollos », n'êtes-vous pas comme tout le monde ? Qu'est-ce que Paul ? Qu'est-ce qu'Apollos ? Des serviteurs qui ont reçu de Dieu des dons différents, et grâce à eux vous avez cru. Moi j'ai planté, Apollos a arrosé, mais c'est Dieu qui a fait pousser. Celui qui compte, ce n'est pas le semeur ni l'arroseur, mais Dieu qui fait que cela pousse[6].* » Nous ne pouvons pas être catholiques tout en ayant l'esprit partisan. Etre catholique, c'est toujours être ouvert sur l'universel, c'est refuser la tentation du repli sectaire. Et celui qui, dans l'Eglise, garantit notre ouverture sur l'universel c'est bien le pape.

Il y a différentes manières d'envisager l'unité des chrétiens. Malgré la division des chrétiens en plusieurs Eglises et communautés, il peut exister une unité spirituelle. Le centre unique et indispensable de cette unité c'est le Seigneur Jésus-Christ : « *Qu'ils soient un comme nous sommes un : moi en eux, et toi en moi.* » Jésus est en nous, le Père est en Jésus. C'est parce que Jésus est vraiment Dieu et vraiment homme qu'il est le principe vivant de l'unité de tous les chrétiens, au-delà des divisions ecclésiales. C'est l'unique Médiateur qui réalise l'unité et la conduit à sa perfection jusqu'à la consommation des siècles. Saint Paul a parfaitement traduit ce passage de la prière de Jésus avec son image du Corps du Christ. L'Eglise est comparable à un corps. La tête de ce corps c'est le Christ et les membres ce sont les chrétiens. Les membres sont tous différents les uns des autres, ils ont des fonctions différentes. Mais ils sont tous unis à un unique corps en étant rattachés à la tête de ce corps.

Alors que faire pour répondre personnellement au désir du Christ, celui de notre parfaite unité ?
Nous avons tout d'abord à acquérir le réflexe catholique : mettre toujours en avant l'universel sur le particulier, ce qui rassemble sur ce qui peut diviser. Nous avons une boussole donnée par le Seigneur à son Eglise, c'est le ministère du pape.
Nous avons ensuite à réaliser, chacun pour notre part, ce que je nommerais l'unité de la sainteté. Si le modèle et la source de notre unité c'est Dieu Trinité, alors au plus nous vivrons de la vie trinitaire, au plus nous avancerons vers l'unité parfaite voulue par le Seigneur. La cause de l'unité des chrétiens et des catholiques progressera davantage par notre implication dans la prière et dans les sacrements que par nos discussions et nos débats.

---

6 1 Corinthiens 3, 3-7

Pentecôte 2007

Fête du groupe scout Charles de Foucauld

Jean 14, 15-16.23-26

Les scouts et guides du monde entier fêtent cette année le centenaire du scoutisme. Pendant que les scouts unitaires de France sont à Chambord pour la célébration de ce centenaire, les scouts et guides de France du groupe Charles de Foucauld ont choisi la Pentecôte pour fêter au sein de notre paroisse cet évènement. Ils se retrouveront ensuite le premier juillet à Marseille pour un rassemblement de tous les scouts et guides du territoire, avant le traditionnel camp d'été qui aura lieu cette année à Pont-de-Barret.

La Pentecôte est, nous le savons, cette grande fête qui, dans notre année chrétienne, marque la fin et l'accomplissement du temps pascal. Pâques, Ascension et Pentecôte sont comme trois facettes d'un même mystère : celui du triomphe de la vie sur la mort, de la grâce sur le péché. Avant la venue de Jésus, les Juifs fêtaient déjà la Pentecôte, c'était *la fête des semaines*. A l'origine cette fête était agricole, puis elle est devenue plus tard une commémoration du don de la Loi de Dieu à Moïse. Tous nous avons entendu parler des dix commandements qui sont le fondement de la pratique religieuse juive et chrétienne. *Les scouts et guides de France ont aussi une Loi*, et ce n'est pas par hasard que cette Loi comprend dix articles…

Le premier étant : « Le Scout met son honneur à mériter confiance. » Jésus n'a pas annulé la loi de Moïse. Il lui a donné au contraire toute son ampleur et sa profondeur en la résumant par le double commandement de l'amour : Tu aimeras le Seigneur ton Dieu de tout ton coeur et tu aimeras ton prochain comme toi-même. Vous, les jeunes qui vous êtes engagés dans le mouvement scout par une promesse ou un engagement, il est important que vous connaissiez la loi de tous les scouts du monde, non pas comme une leçon apprise, mais comme un chemin d'amour et de vie. *En fêtant la Pentecôte chrétienne*, nous commémorons le don du Saint Esprit à la première Eglise, aux tout premiers croyants. La nouvelle loi pour nous chrétiens, c'est la loi du Saint Esprit, l'unique loi de l'amour de Dieu et de l'amour du prochain. C'est par le baptême et surtout par la confirmation que nous recevons cette force de l'Esprit de Dieu pour vivre sa loi jour après jour. Chers scouts, pour être fidèles à votre promesse, à votre engagement, vous avez besoin de l'aide de Jésus, vous avez besoin de la force de l'Esprit. C'est pour cette raison que vous devez désirer et demander le sacrement de confirmation si vous n'êtes pas déjà confirmés. Pour ceux qui ont la chance d'avoir reçu ce grand sacrement, je dirais : n'oubliez pas de prier l'Esprit Saint. Si vous ne priez pas ou pas assez, comment pourrez-vous vivre la loi scoute ? Saint Paul avait bien compris la différence entre les dix commandements et la loi de l'Esprit. Ecoutons ce qu'il nous dit dans la Bible : « La lettre, c'est vous les chrétiens, une lettre qui est tout à l'intérieur, mais que tout le monde peut lire et comprendre. Vous êtes une lettre du Christ écrite par nos soins, c'est clair ; l'Esprit du Dieu vivant en a été l'encre, elle n'était pas gravée sur des tablettes de pierre, mais dans des cœurs humains[7] ». La loi de Moïse était écrite sur de la pierre. La loi du Christ est gravée dans nos cœurs par l'Esprit Saint. Il devrait en être de même pour la loi des scouts de France : que cette loi, chers jeunes et chefs, soient gravée à l'intérieur de vous-mêmes, dans vos cœurs, pour guider toutes vos actions et vos paroles.

Dans la première lecture, Saint Luc nous montre comment l'Esprit Saint est descendu sur la Vierge Marie et les Apôtres au commencement de l'Eglise. Si vous lisez ce texte attentivement, vous vous rendrez compte qu'il y a *comme un va et vient entre « tous » et « chacun »*. Les premiers chrétiens étaient « réunis tous ensemble ». Oui, l'Eglise est une communauté, un rassemblement des croyants. Tous furent remplis de l'Esprit Saint. En même temps Luc nous dit qu'une langue de feu, symbole de l'Esprit, se posa « sur chacun d'eux ». Et que « chacun s'exprimait selon le don de l'Esprit ». L'Eglise n'est pas un rassemblement de moutons, de personnes toutes semblables. Dans l'Eglise nous vivons la communion : nous sommes ensemble tout en étant des personnes à part entière, des personnes uniques. Dans la vie du mouvement scout, ces deux dimensions se retrouvent pour permettre aux enfants et aux jeunes de grandir humainement et chrétiennement. Il y a l'importance du groupe et l'importance de la progression personnelle. Saint Paul précise que « chacun reçoit le don de manifester l'Esprit en vue du bien de tous[8] ». Dans l'Eglise comme dans le scoutisme, si on a un don, on le partage, on en fait profiter tous les autres. C'est ce que nous rappellent très simplement deux articles de la loi scoute : « Le scout est fait pour servir et sauver son prochain. Le scout partage avec tous. »

En conclusion comment ne pas dire un mot de l'Evangile de cette fête ? Quelle est donc la preuve de notre amour pour le Christ ? Notre fidélité à ses commandements et à sa parole. Chers jeunes qui êtes engagés dans le scoutisme, le jour de votre promesse ou de votre engagement vous donnez votre parole. Vous promettez de vivre selon la loi des scouts du monde entier. Vous savez combien il est important de tenir parole, de ne pas mentir ni à Dieu, ni aux autres, ni à soi-même, car « le scout est loyal dans toute sa vie. » Alors comment faire lorsque c'est difficile de tenir parole ? La loi scoute vous répond une fois de plus : « Le scout a du cran, il sourit dans les difficultés. » Le chemin de l'Evangile, comme le chemin du scoutisme, demande en effet un effort de notre part. Ce que nous avons commencé par notre promesse ou notre engagement, nous devons le continuer avec l'aide de l'Esprit Saint. Non pas pour nous rendre la vie plus pénible, mais parce que nous savons que là se trouve notre bonheur véritable et le bonheur des autres. *N'attendons pas du Seigneur d'autre récompense que celle de savoir que nous faisons sa sainte volonté.*

---

7 2 Corinthiens 3, 2.3

8 1 Corinthiens 12,7

La Sainte Trinité

Jean 16, 12-15

2007

Le livre des Proverbes dans l'Ancien Testament appartient aux livres sapientiaux. C'est-à-dire à cette littérature de sagesse qui prépare plus directement l'avènement du Christ. Et cela après la Torah et les livres prophétiques. Dans cet ensemble de sept livres nous avons même un livre qui porte le nom de *la Sagesse*. Cette littérature de sagesse témoigne de la communication entre la foi juive et la culture hellénistique. Dans le livre des Proverbes nous trouvons un long discours de la Sagesse qui commence au début du chapitre 8. Notre première lecture est extraite de ce discours. Notons tout de suite que la Sagesse est personnifiée. Elle n'existe pas seulement comme une idée, une théorie ou une contemplation comme chez les philosophes grecs. La Sagesse est une réalité bien vivante, c'est un être en lien très étroit avec Dieu, existant avant toute la création. Je cite ici la fin de notre première lecture dans la traduction de la Bible Osty :

« J'étais aux côtés du Seigneur comme un enfant chéri et je faisais ses délices chaque jour, jouant devant lui en tout temps, jouant sur le sol de sa terre et trouvant mes délices avec les fils d'homme. »

Ce texte est pour nous plus que surprenant. Spontanément lorsque nous pensons à la sagesse, nous pensons à quelque chose de sérieux, de solennel, voire d'un peu lointain et compliqué. Nous assimilons généralement la sagesse à l'intelligence et à la raison. Rien de tel dans la présentation que la Sagesse divine fait ici d'elle-même : enfant chéri de Dieu, elle se plaît à jouer et trouve ses délices autant auprès du Seigneur que des créatures humaines. On comprend pourquoi les théologiens chrétiens ont vu dans ce portrait de la Sagesse une annonce du Christ dans le mystère de son Incarnation. Le Christ est à la fois du côté de Dieu et du côté des hommes, vrai Dieu et vrai homme. Et comme le dit saint Jean dans son prologue c'est bien par le Verbe, la Parole, le Logos en grec, que Dieu a créé toutes choses. Ce qui implique que ce Logos existe avant même la création, comme la Sagesse ici préexiste aux œuvres de Dieu.

Pourquoi tant insister sur cette première lecture alors que nous fêtons le mystère central de notre foi, celui de la Sainte Trinité ?

Pour montrer que nous ne devons surtout pas nous limiter à une approche théologique de ce mystère, puisqu'en Dieu il y a le jeu et les délices, puisqu'en Dieu il y a l'enfant.

Les plus grands théologiens chrétiens, je pense à saint Augustin et à saint Thomas d'Aquin, ont consacré toutes les ressources de leur foi et de leur intelligence à mettre en lumière Dieu Trinité. Ils nous ont laissé des œuvres stimulantes et magnifiques. Mais ils sont restés très humbles dans leur approche de ce grand mystère. Augustin avait passé de longues journées et de longues nuits à essayer de comprendre ce mystère d'un Dieu en trois personnes. Puis un jour, alors qu'il se promenait sur une plage, il aperçut un enfant qui avait creusé un trou dans le sable et qui cherchait à y transvaser la mer à l'aide d'un coquillage. Augustin sourit et lui dit : "Comment veux-tu vider cette mer sans fin dans un si petit trou ?" et l'enfant lui répondit alors : "Et toi, comment veux-tu comprendre ce Dieu éternel avec ta si petite raison ?" À son secrétaire qui le pressait de reprendre la dictée, Thomas répondit : « Réginald, je ne peux plus. Devant ce que j'ai vu et qui m'a été révélé, tout ce que j'ai écrit me semble de la paille. » Quant à Boèce, un autre théologien, il affirmait ceci : « Au bout de notre connaissance, nous connaissons Dieu comme inconnu ».

La deuxième lecture nous donne une autre voie pour connaître Dieu Trinité. Cette voie ne s'oppose pas à la réflexion théologique. Elle est simplement plus directe et plus vivante : *« L'amour de Dieu a été répandu dans nos cœurs par l'Esprit Saint qui nous a été donné. »* Nous connaissons mieux le mystère trinitaire par l'amour que par la seule intelligence théologique. Car Dieu est Amour, Dieu est communion d'amour, circulation d'amour et de vie entre le Père, le Fils et le Saint Esprit. La sainte Trinité est un mystère d'amour, et c'est uniquement dans l'amour, donc dans l'expérience vivante de la foi et de la prière, que nous en vivrons. Il ne nous servira à rien de connaître et de comprendre toutes les œuvres de saint Thomas d'Aquin si nous ne sommes pas *des mystiques, c'est-à-dire des chrétiens unis à Dieu par la foi, la prière et les sacrements.* En Dieu Trinité, c'est la Personne Amour, l'Esprit Saint qui nous initie au mystère même de Dieu, et cela bien mieux que les concepts des grands théologiens.

Le Verbe éternel de Dieu est aussi cette Sagesse enfant jouant en présence de Dieu, jouant sur notre terre. Le Verbe éternel de Dieu réjouit le cœur de Dieu et est attiré depuis toujours par notre humanité, trouvant en nous ses délices. Nous comprenons alors peut-être mieux pourquoi Jésus donne à ses apôtres les enfants en exemple :
« Laissez les enfants venir vers moi, ne les empêchez pas ; car c'est à leurs pareils qu'appartient le Royaume de Dieu. Quiconque n'accueille pas le Royaume de Dieu comme un enfant n'y entrera pas.[9] » Il est frappant de constater que des siècles plus tard, le philosophe athée Nietzsche reprend ces images bibliques du jeu et de l'enfant : *« L'enfant est innocence et oubli, un nouveau commencement et un jeu, une roue qui roule sur elle-même, un premier mouvement, un oui sacré.[10] »*
Demandons à l'Esprit Saint la force de devenir comme des enfants en présence du mystère de Dieu Trinité ! Que toute notre personne et notre vie soit un « oui sacré » au Père, au Fils et à l'Esprit Saint !

---

9 Marc 10, 14.15

10 Ainsi parlait Zarathoustra, « Des trois métamorphoses »

Le Saint Sacrement

Luc 9, 11-17

2010

Dimanche dernier nous avons fêté celui qui est au cœur de notre foi chrétienne : Dieu dans son mystère trinitaire, le Dieu unique, communion d'amour entre le Père, le Fils et le Saint Esprit. En ce dimanche nous fêtons *le Saint Sacrement de l'eucharistie*, c'est-à-dire le sacrement par excellence. Si le baptême est le fondement de toute notre vie chrétienne, l'eucharistie en constitue le sommet et le centre permanent. L'eucharistie, nous le savons, est liée d'une manière particulièrement forte à la célébration chrétienne du jour du Seigneur, le dimanche. Cette fête en l'honneur de l'eucharistie située après le dimanche de la Sainte Trinité nous redit le sens trinitaire de la célébration de la messe. Spontanément quand nous pensons à la messe nous pensons à Jésus qui a institué ce sacrement lors de la dernière Cène, nous pensons bien sûr au don de son Corps et de son Sang offerts en sacrifice pour que nous puissions communier à sa vie divine et nous en nourrir. Nous oublions peut-être la dimension trinitaire de l'eucharistie. Remarquons bien que la plupart des prières de la messe s'adressent non pas au Fils mais au Père. Cela est particulièrement vrai pour la grande prière eucharistique. Cette prière se termine par les mots suivants dits ou chantés par le prêtre : « *Par lui, avec lui et en lui, à toi, Dieu le Père tout-puissant, dans l'unité du Saint Esprit, tout honneur et toute gloire pour les siècles des siècles.* » Ce à quoi l'assemblée des fidèles répond : « Amen ». Le Saint Sacrement de la messe est donc bien une prière, une offrande adressée au Père par le Fils dans l'Esprit.

Pour cette solennité l'Eglise nous fait entendre en ce dimanche le récit de la multiplication des pains en saint Luc. Cet événement n'est pas directement en lien avec l'eucharistie. Mais l'évangéliste nous le rapporte en pensant à ce grand sacrement. La multiplication des pains a sa place entre deux autres événements. En faisant ce geste le Seigneur Jésus se situe dans la suite de Moïse qui demanda à Dieu de nourrir le peuple au désert. Jésus se situe surtout à la place même de Dieu puisque c'est Dieu qui donna la manne au peuple affamé. En faisant ce geste le Seigneur Jésus annonce aussi le don de l'eucharistie, le don du pain de vie. Ce sont les Douze qui prennent l'initiative non pas de nourrir la foule des auditeurs mais de les renvoyer dans des lieux habités pour qu'ils puissent manger. Les apôtres sont des hommes réalistes nous le voyons, avec les pieds bien sur terre. La réponse du Seigneur à ces hommes a de quoi les déstabiliser : « *Donnez-leur vous-mêmes à manger* ». Il sait très bien, lui, le Maître et Seigneur, qu'ils n'ont pas assez de nourriture pour nourrir cette foule... Par cette parole quelque peu provocatrice il veut toutefois les faire avancer dans la compréhension de leur mission. Ils ne sont pas là pour renvoyer les gens mais bien pour les nourrir de la Parole de Dieu. C'est la première partie de notre messe. Les Douze restent des hommes réalistes : « *Nous n'avons que cinq pains et deux poissons...* ». Remarquons au passage qu'ils n'ont pas pris au pied de la lettre les consignes que Jésus leur a données en les envoyant en mission... «N'emportez rien pour la route, ni bâton, ni sac, ni pain, ni argent ; n'ayez pas chacun une tunique de rechange. » Les apôtres confessent donc leurs limites humaines : « Nous n'avons que... » En cette année sacerdotale qui touche à sa fin cela nous redit que les ministres de l'eucharistie sont de pauvres hommes pécheurs. Et que dans l'eucharistie ils ne sont que des serviteurs secondaires. Que demande Jésus aux apôtres ? De faire le miracle ? Non, mais de préparer la foule à recevoir le don de Dieu : « *Faites-les asseoir par groupes de cinquante.* » Les Douze obéissent. Là se trouve la grandeur du prêtre : non pas se mettre à la place du Christ mais lui obéir. C'est Jésus et lui seul qui peut réaliser ce miracle, comme c'est Jésus et lui seul qui peut faire qu'un peu de pain devienne son Corps offert pour nous. Et Jésus lui-même dépend d'un autre, de son Père : « *levant les yeux au ciel...* ». Finalement c'est du Père que viennent tous les dons : la manne autrefois, le pain multiplié, le pain de l'eucharistie. Oui, tout vient du Père par le Fils dans l'Esprit. Les apôtres ont préparé le miracle, et maintenant ils sont chargés d'en distribuer les fruits à la foule. Le prêtre catholique est un Jean-Baptiste, il doit préparer le peuple à la rencontre du Seigneur dans l'Eucharistie. Non seulement en observant fidèlement le rite de l'Eglise mais en s'impliquant avec toute sa foi et son amour dans la célébration de ce mystère. Pendant la consécration il s'efface. Il agit « in persona Christi ». Ce qui ne veut pas dire « à la place du Christ ». Ce qui signifie plutôt que le prêtre est alors un pur instrument de la grâce par lequel le Christ Ressuscité se donne à ses fidèles dans l'offrande de son Corps et de son Sang au Père. « *Tous mangèrent à leur faim* ». L'eucharistie comme nourriture de l'âme nous comble et nous rassasie. Le pain de vie est surabondant : il en reste 12 paniers ! La grâce que nous avons à demander est peut-être celle de la faim spirituelle et du désir de Dieu. L'Eucharistie est en effet la rencontre du don de Dieu et de notre faim spirituelle.

10ème dimanche du temps ordinaire

Luc 7, 11-17

2013

L'évangéliste saint Luc est le seul à nous rapporter le récit de la résurrection du fils de la veuve de Naïm. Un chapitre plus loin il nous rapporte le récit d'une autre résurrection, celle de la fille de Jaïre. Dans les évangiles nous trouvons le témoignage de trois résurrections faites par le Christ pendant son ministère public. La troisième est celle de son ami Lazare dans l'évangile selon saint Jean. Avant de regarder brièvement l'évangile de ce dimanche j'aimerais quelques remarques d'ordre plus général. Jésus a guéri beaucoup de malades mais n'a pas guéri tous les malades en Israël. Jésus a redonné la vie terrestre à trois morts mais il ne l'a pas fait pour tous les morts. Ces actes, en plus d'être des manifestations concrètes de l'amour du Fils de Dieu pour notre humanité, sont donc des signes. Dans le passé on utilisait souvent ces miracles pour « prouver » la divinité de Jésus. Mais la première lecture nous montre que de simples hommes comme le prophète Elie ont reçu de Dieu un pouvoir semblable. Et dans les Actes des apôtres Pierre et Paul ont aussi ramené à la vie des morts. Bien sûr si Elie, Pierre et Paul ont pu faire cela c'est bien grâce à Dieu et à lui seul. Mais il n'en reste pas moins qu'ils étaient des hommes comme nous. En redonnant la vie au fils de la veuve Jésus n'a pas voulu prouver sa divinité. Les témoins de ce miracle ont simplement reconnu en lui un grand prophète, comme Elie autrefois. Le signe est donc ailleurs.

En faisant cela le Seigneur nous enseigne que Dieu ne se réjouit pas de la mort de ses créatures. Dieu est du côté de la vie, pas du côté de la mort. La mort telle que nous la connaissons aujourd'hui, souvent précédée d'une déchéance plus ou moins longue et accompagnée de souffrances physiques et morales, est la conséquence du péché et de notre rupture de communion avec Dieu. Marie, la seule créature préservée du péché originel, n'est pas passée par ce genre de mort. C'est ce que les orientaux nomment la dormition et nous l'assomption. C'est par son Fils unique que Dieu a tout créé à partir de rien. C'est par sa Parole, son Verbe, qu'il a appelé toutes les créatures à l'existence. L'acte que Jésus pose dans notre évangile marque le commencement d'une recréation, d'une création nouvelle dans laquelle nous serons enfin libérés de l'esclavage du mal. Cet acte nous indique le seul et véritable ennemi du Christ, celui qu'il est venu combattre et vaincre : non pas l'homme pécheur mais le Mauvais, le tentateur, lui qui rêve de détruire la création du Père avec notre complicité consciente ou inconsciente. Le Mauvais qui sait très bien utiliser notre faiblesse, lui qui nous suggère d'utiliser notre liberté contre Dieu, pour le mal, et finalement pour nous détruire spirituellement et avec nous toute la création. Il suffit de constater, ce n'est qu'un exemple, de quelle manière les magnifiques progrès scientifiques de l'humanité ont été détournés en partie de leur noble fin pour donner la bombe atomique, les armes chimiques et biologiques, les manipulations génétiques etc.

L'homme devenu fou est désormais capable de provoquer lui-même sa propre apocalypse, la fin de toute vie sur cette planète terre. Sans parler du fait qu'il est plus facile de trouver de l'argent, même en temps de soi-disant crise, pour acheter des armes que pour acheter de la nourriture ou des médicaments ! Sans la sagesse du Christ l'homme sert plus facilement la mort que la vie ; tuer lui semble tout aussi normal que guérir. Et à part quelques indignés tout cela se passe dans une indifférence quasi générale. En ressuscitant le fils de la veuve Jésus annonce aussi sa propre résurrection et son mystère pascal. C'est-à-dire sa victoire définitive sur le processus de mort dans lequel notre humanité s'est engagée depuis des millénaires. Voilà la différence essentielle entre Elie, Pierre et Paul d'une part et Jésus de l'autre. Tous ont redonné à des morts la vie de ce monde mais seul le Christ est ressuscité d'entre les morts. Seul le Christ a fait entrer notre humanité dans la gloire de Dieu.

Quelques mots à propos du signe rapporté dans notre évangile. Contrairement à la résurrection de Lazare ou à celle de la fille de Jaïre, c'est Jésus qui, ici, prend l'initiative. La veuve pleurant son fils unique ne lui a rien demandé. Dans le code de la charité propre à l'Ancien Testament les veuves avec les orphelins et les étrangers bénéficiaient d'un statut particulier, prioritaire en quelque sorte. Qu'est-ce qui pousse le Seigneur à faire de lui-même ce geste ? Sa pitié pour cette femme. Il veut tout simplement lui exprimer sa compassion et son amour. Le cœur du Christ est le cœur le plus sensible qui ait jamais existé, le plus vulnérable aux détresses et aux peines humaines. C'est parce que ce cœur est parfaitement saint, donc délivré de tout égoïsme et de tout repli sur lui-même. La résurrection du fils unique de la veuve est une belle et profonde manifestation de la grâce divine. Dieu en son Fils vient au-devant de nos besoins avant même que nous ne les lui fassions connaître. Ce que nous n'osons même pas demander ou imaginer, il peut librement et par amour nous l'accorder.

11ème dimanche du temps ordinaire

Luc 7, 36-8, 3

<u>2010</u>

Nous connaissons l'importance des repas dans les Evangiles. Jésus répondait volontiers aux invitations qu'on lui faisait, qu'elles viennent des pharisiens comme ici, de ceux qui étaient considérés comme des pécheurs ou encore du petit cercle de ses amis intimes. Le Seigneur était à l'aise avec tous. Il n'était pas l'homme d'une classe sociale ou d'une catégorie de la population. Il était à l'aise avec tous parce qu'il était, en tant que Fils de Dieu, *suprêmement libre*. Il ne dépendait ni du regard des autres ni de leurs jugements ni du quand dira-t-on... mais de la volonté du Père, volonté de salut pour tous les hommes. Et c'est lors d'un repas sacré, celui de la dernière Cène, que le Seigneur institua le sacrement de l'eucharistie. Ce sacrement que nous célébrons chaque dimanche a bien la forme d'un repas. Le repas est rassemblement autour de la table commune, celle de la famille ou des amis. Dans un repas nous ne faisons pas que manger et boire. Mais nous échangeons aussi le pain de la parole etc. Tout cela se retrouve à un niveau divin dans le sacrement de la messe.

Peu avant notre texte, Jésus lui-même rappelle dans l'Evangile selon saint Luc la mauvaise réputation qui était la sienne chez les honnêtes gens de la société de son temps : « *Voilà un mangeur et un buveur de vin, un ami des collecteurs de l'impôt et des pécheurs !* » Ici notre Seigneur répond donc à l'invitation d'un pharisien, donc d'un observateur scrupuleux de la Loi de Moïse. Il est précisément chez une personne honnête. Et voilà qu'une femme, dont nous ne savons pas le nom, vient déranger ce repas, cette rencontre entre le pharisien et le Maître. Luc la qualifie de pécheresse. Le décor de la scène nous est ainsi donné : d'un côté l'observateur de la Loi, de l'autre la pécheresse. Saint Luc reflète la division religieuse entre les personnes dans la société juive de son temps. Une division qui donne deux camps : *les justes d'un côté, les pécheurs de l'autre*. Le repas, lieu de communion, va devenir lors de cette scène un lieu de division à cause de cette intruse. En plus cette femme est démonstrative. Et voilà qu'à la vue de ce spectacle une pensée intérieure surgit chez le pharisien : « *Si cet homme était prophète, il saurait qui est cette femme qui le touche, et ce qu'elle est : une pécheresse* ». La pensée du pharisien nous instruit sur deux points qui sont au cœur du message de cet Evangile.

Le premier porte sur l'identité de Jésus. Souvenons-nous que peu de temps avant, dans le même chapitre, c'est Jean-Baptiste lui-même qui semblait pris par le doute : « *Es-tu celui qui doit venir ou devons-nous en attendre un autre ?* » Ici le pharisien doute de la qualité de prophète attribuée à Jésus par certains. S'il réserve un aussi bon accueil à une pécheresse, c'est le signe évident qu'il n'est pas un homme de Dieu... Le second point porte sur le jugement émis par celui qui se considère juste sur cette femme : elle est une pécheresse. Jugement qui enferme cette femme dans son péché et la réduit à ce seul aspect de sa personne et de sa vie. Les nouveautés du langage contemporain prêtent parfois à rire... Mais certaines traduisent cette volonté de ne pas enfermer une personne dans une case. Au lieu de dire un handicapé ou un homosexuel par exemple, on dira volontiers une personne handicapée ou une personne homosexuelle. Ces manières de parler sont dans la logique de l'Evangile qui nous demande de ne pas juger, et encore moins condamner, notre prochain, même s'il est différent ou pécheur. *En nous demandant de ne pas juger Jésus nous demande de ne pas nous mettre à la place de Dieu, car lui seul a autorité pour juger, lui seul est le juste juge.* Le Seigneur lit dans les pensées de Simon et lui propose la petite parabole des deux débiteurs. Cette parabole nous enseigne d'abord que nous sommes tous pécheurs. Elle brise la division entre hommes justes et hommes pécheurs. Le seul homme juste ayant jamais existé c'est Jésus. Simon, l'honnête pharisien est lui aussi pécheur... La preuve, il vient d'enfermer cette femme dans son péché, il vient de la mépriser en la jugeant. Cette parabole enseigne aussi que les grands pécheurs lorsqu'ils s'approchent du Seigneur Jésus sont enflammés d'un amour plus ardent et intense que les personnes simplement honnêtes... Il y a comme un lien de réciprocité entre le pardon accordé par Dieu et l'amour du pécheur réconcilié. Cette femme a beaucoup aimé Jésus, elle le lui a montré par son audace et ses gestes de vénération et de tendresse. Cet amour attire sur elle la miséricorde du Seigneur. Et le pardon accordé et reçu la fait encore grandir dans l'amour pour Dieu. Le rapport entre la miséricorde et l'amour est comparable à un cercle. Si l'amour de Dieu pour nous est toujours premier et nous précède, notre amour pour lui le presse en quelque sorte à exercer sa miséricorde. La fin de l'Evangile répond d'une manière magnifique à la question sur l'identité de Jésus : non seulement il est prophète, envoyé par Dieu, mais il est bien plus. Puisqu'il a le pouvoir de pardonner les péchés et de réconcilier les pécheurs avec Dieu, c'est bien le signe qu'il est vraiment homme et vraiment Dieu, Fils du Dieu vivant venu non pas pour nous condamner mais pour nous sauver !

12ème dimanche du temps ordinaire

Luc 9, 18-24

2004

L'évangile de ce dimanche nous est familier. Nous le connaissons tous plus ou moins par cœur. Cette parole de Dieu nous remet en face d'une question essentielle : celle de l'identité de cet homme nommé Jésus et dont le Nom ne cesse d'être proclamé depuis 2000 ans.

Après un certain temps de compagnonnage avec ses disciples Jésus les interroge sur son identité. Non pas parce qu'il aurait besoin de savoir ce qu'ils pensent de lui. En tant que Fils de Dieu il lit dans les cœurs et les pensées. Mais plutôt pour permettre à ses disciples d'exprimer clairement leur foi. La question du Maître n'est pas directe car il fait comme un détour : « Pour la foule, qui suis-je ? » Bref il s'agit ici d'un véritable sondage d'opinion et comme toujours les opinions sont forcément partagées. Vient alors la question décisive personnelle : « Et vous, que dites-vous ? Pour vous, qui suis-je ? » Et c'est Pierre, le chef du collège apostolique, qui répond au nom de tous : « Le Messie de Dieu ! » C'est la réponse de foi qui, contrairement aux opinions humaines, ne souffre pas de la division et de l'hésitation. En saint Matthieu la réponse de Pierre va encore plus loin : « Tu es le Messie, le Fils du Dieu vivant ». Nous sommes ici au cœur de notre foi chrétienne et il est utile de s'arrêter quelque peu sur cette profession de foi.

« Le Messie de Dieu ! » Messie est un mot d'origine hébraïque qui signifie exactement la même chose que « Christ » mot d'origine grecque. « Tu es le Christ de Dieu ! » Une traduction littérale donnerait : tu es l'Oint de Dieu ! Cela sonne assez mal en français... Tu es celui qui as reçu l'onction divine, tu es le consacré par Dieu. Le Christ, nous le savons bien, n'a pas eu besoin d'une onction matérielle d'huile comme les rois, les prophètes et les prêtres, pour accomplir sa mission. Son onction est intérieure, spirituelle parce qu'il est le Fils de Dieu. Pierre reconnaît donc en Jésus l'envoyé du Père.

Il n'est pas inutile de rappeler que c'est ce point de notre foi qui nous différencie radicalement des deux autres grandes religions monothéistes que sont le judaïsme et l'Islam. Les Juifs attendent toujours le Messie alors que les musulmans ne voient en Jésus qu'un grand prophète – Mahomet lui étant supérieur. C'est peut-être pour cette raison que nous avons la trace dans cet évangile du « secret messianique »... « Jésus leur défendit vivement de le révéler à personne ». Les Juifs n'étaient pas prêts pour la plupart à accueillir cette révélation d'autant plus que leur image du Messie n'était faite que de gloire et de triomphe alors que Jésus annonce aussi sa Passion et son rejet. Encore aujourd'hui notre foi en Jésus-Christ est cause de scandale et d'incompréhension, et cela après une longue tradition chrétienne. L'identité de Jésus nous conduit inévitablement à Dieu Trinité. Et comme les musulmans bien des mouvements sectaires issus du protestantisme américain refusent la foi trinitaire : pensons par exemple aux témoins de Jéhovah et aux mormons.

J'ai fait récemment l'expérience de cette difficulté de notre foi chrétienne : affirmer qu'en Jésus la divinité et l'humanité se sont unies de manière réelle et indissociable. Un jeune, assez hostile au christianisme, et avec lequel je corresponds, m'a en substance déclaré : Je comprends que l'on voie en Jésus un homme important et qui a laissé un message dans lequel on peut se reconnaître. Mais de là à l'adorer et à le prier ! Alors là ça me dépasse totalement. Beaucoup de nos contemporains sont prêts à voir en Jésus un philosophe génial. Mais bien peu sont capables de dire avec Pierre : tu es Jésus-Christ, le Fils du Dieu vivant. Et c'est bien parce que Jésus n'est pas un homme comme les autres qu'il peut se permettre de nous demander de marcher à sa suite, avec le renoncement et la patience que cela suppose.

13ème dimanche du temps ordinaire

Luc 9, 51-62

2010

En cette fin d'année scolaire la liturgie nous fait entendre la finale du chapitre 9 de l'Evangile selon saint Luc. Le contexte est ici important. Cet Evangile se situe entre l'envoi en mission des Douze et l'envoi en mission des 72 disciples. C'est donc bien *dans un sens missionnaire* que nous avons à recevoir ces paroles. Le moment est en outre *décisif* : « Comme le temps approchait où Jésus allait être enlevé de ce monde, il prit avec courage la route de Jérusalem ». Nous sommes à un tournant de l'Evangile. Le Seigneur se dirige vers la ville sainte avec ses apôtres pour y souffrir sa Passion et y mourir sur le bois de la croix. Et cela nous dit aussi quelque chose des *moyens de la mission*. C'est par la faiblesse de la Croix que Jésus sauvera notre humanité. C'est par l'offrande de sa personne et de sa vie par amour qu'il nous attirera vers le Père. La seule puissance dont Dieu dispose est précisément celle de son amour infini.

Je commencerai par méditer rapidement *la deuxième partie de notre Evangile*. Nous avons trois exemples d'hommes, anonymes, auxquels le Seigneur rappelle les exigences de la mission à sa suite. Pour annoncer le Règne de Dieu il faut avoir en soi certaines dispositions. Ce qui est commun à ces trois exemples c'est la nécessité du détachement pour celui qui veut suivre Jésus. Détachement vis-à-vis d'un certain confort de vie, détachement aussi par rapport aux liens humains et familiaux. Nul ne peut commencer à vivre ces exigences s'il ne met pas d'abord toute sa confiance en Dieu. C'est bien une question de foi totale. C'est par la force de cette foi que le disciple peut répondre à Jésus par un « oui » sans conditions ni retard. Le détachement est la condition nécessaire à la liberté du disciple. Celui qui suit Jésus doit devenir un homme libre qui se laisse conduire par l'Esprit. Etre libre ici ne signifie pas faire sa propre volonté, mais, comme Jésus, rechercher et accepter la volonté du Père. Ceci nous amène à méditer maintenant *la première partie de notre Evangile*.

Les Samaritains et les Juifs ne s'aimaient pas. Ils avaient même leur propre temple. De la Galilée à la Judée, Jésus doit traverser ce territoire de la Samarie. Et voilà qu'un village refuse de l'accueillir lui et ses disciples. Saint Luc nous en donne la raison : « parce qu'il se dirigeait vers Jérusalem ». Notons ici *l'étroitesse d'esprit des samaritains*, signe d'une humanité divisée par le péché. Ne croyons pas avoir affaire à une vieille histoire du passé. En tant que curé j'ai connu la mesquinerie de l'esprit de clocher entre certains catholiques... qui refusaient d'aller à la messe dans le village d'à côté parce que c'étaient un peu des « ennemis »... Et voilà que Jacques et Jean, deux apôtres, proposent au Seigneur de punir de manière forte ces samaritains peu accueillants : « Veux-tu que nous ordonnions que le feu tombe du ciel pour les détruire ? » Souvenons-nous du contexte : Jésus monte à Jérusalem pour y souffrir sa Passion et mourir crucifié... Nos apôtres en sont restés à l'Ancien Testament, aux bonnes vieilles méthodes... Ici s'exprime la tentation du fanatisme religieux. Ce fanatisme est une caricature honteuse de la vraie foi et de la religion authentique. Il s'agit finalement d'imposer la vérité par la force. Il s'agit de s'imposer par tous les moyens possibles en bafouant la conscience et la liberté de ceux qui ne partagent pas nos convictions. Beaucoup de pages sombres de l'histoire de notre Eglise relèvent de ce fanatisme religieux. Et si en Occident il y a tant de personnes qui sont athées et refusent la religion, c'est en grande partie à cause de cela. C'est à cause de ce contre-témoignage que le pape Jean-Paul II a publiquement demandé pardon à Dieu lors du Jubilé de l'an 2000. Maurice Zundel écrivait en 1966 : « On peut dire que l'immense majorité des peuples n'ont pas choisi leur religion. Elle leur a été imposée. Or, une religion imposée ne peut pas être une religion mystique : ce ne peut être qu'une religion-objet, une religion prise du dehors ». Et nos évêques affirmaient dans leur lettre aux catholiques de France : « Entre Dieu et l'homme il ne s'agit jamais d'un rapport de forces, mais d'un rapport de liberté et, en dernière instance, d'une relation de confiance et d'amour ». Jésus, nous le voyons, ne rentre pas dans le projet punitif de ses apôtres. Au contraire il les interpelle vivement, il les réprimande et les remet ainsi dans l'axe de leur mission. La mission des apôtres n'est pas de punir au nom de Dieu. Ils doivent manifester au contraire la miséricorde et l'amour du Seigneur pour tous, en particulier pour les pécheurs et les ignorants. Quelques chapitres plus loin dans le même Evangile, le Seigneur Jésus parle lui aussi d'un feu. Non pas un feu vengeur qui tue les hommes, mais le feu issu de son cœur aimant par lequel il veut les attirer au Père. *Non pas la force qui punit et contraint, mais la faiblesse d'un Dieu crucifié, désarmé, qui nous sauve et nous relève avec une patience infinie* :

Je suis venu apporter un feu sur la terre, et comme je voudrais qu'il soit déjà allumé !
Je dois recevoir un baptême, et comme il m'en coûte d'attendre qu'il soit accompli !

14ème dimanche du temps ordinaire

Luc 10, 1-12.17-20

2004

En ce début de la saison estivale où beaucoup pensent aux vacances et à un repos bien mérité l'évangile nous parle du travail missionnaire dans l'Eglise, de la vocation missionnaire.
Jésus en envoyant ses disciples en mission ne les trompe pas, il est honnête avec eux. Il ne leur dresse pas un tableau idyllique de la tâche qui les attend. Et il commence par dresser un constat : « La moisson est abondante, mais les ouvriers sont peu nombreux ». Nous sommes bien placés pour le savoir dans notre Eglise de France qui souffre si cruellement du vieillissement des prêtres et du manque de plus en plus important de prêtres. La relève sacerdotale n'est malheureusement pas au rendez-vous et cela depuis bien des années déjà. Mais les ouvriers dont parle le Seigneur dans l'évangile ne sont pas seulement les prêtres. La crise des vocations chez nous nous renvoie à une autre crise beaucoup plus profonde qui est celle de la foi. Combien de paroisses, surtout en milieu rural, sont malades ou bien mourantes, faute de renouvellement ? Prêtres et laïcs ne peuvent être séparés dans l'optique de la mission. Tous portent selon leur vocation propre cette mission de l'Eglise. Le dynamisme des prêtres et celui des laïcs vont de pair. C'est pour cette raison que quand nous parlons de crise des vocations sacerdotales nous ne devons pas passer sous silence la crise de la foi chez beaucoup de catholiques. Ce dont nous avons besoin c'est bien d'un réveil des catholiques et d'une prise de conscience renouvelée. Notre Eglise souffre d'une maladie qui à la longue risque bien de l'épuiser : Combien de chrétiens se disent croyants mais non pratiquants, non engagés dans la vie de leur communauté ? Combien exigent qu'un prêtre soit à leur service pour baptêmes, messes, mariages et enterrements et ont une attitude de « consommateurs » vis-à-vis de l'Eglise ? Présents pour exiger des services mais absents de la vie quotidienne de la communauté.

Et pourtant la moisson est abondante. Nous le constatons chaque jour. Ce n'est pas le travail qui manque ! Des franges entières de la population française sont désormais privées de toute culture religieuse, de toute référence et de toute appartenance à la communauté Eglise. Et l'athéisme de masse ne cesse de s'étendre. Les causes sont multiples. On peut penser au rythme de vie trépidant de la plupart de nos contemporains qui n'ont même plus le temps de réfléchir sur le sens de leur vie, de méditer et de prier. On peut aussi penser que c'est en partie notre faute si certains ne se sentent pas ou plus attirés par la communauté chrétienne. Nous prêchons en permanence l'amour, la communion, le partage. Mais les gens peuvent-ils dire de nos paroisses ce que les païens disaient des premiers chrétiens ? « Voyez comme ils s'aiment ».

Jésus après le constat invite à la prière. La prière est la force de tout missionnaire authentique qui est envoyé comme un agneau au milieu des loups. Encore une image pour dire combien la mission est difficile. L'Agneau de Dieu, nous le savons bien, c'est Jésus lui-même. Cette image signifie donc que le missionnaire doit ressembler à son Maître « doux et humble de cœur ». La force du missionnaire nous la trouvons dans la charte des Béatitudes : « Heureux les doux, ils auront la terre en héritage... ». Et plus loin : « Heureux ceux qui sèment la paix, ils seront appelés enfants de Dieu ». L'Agneau de Dieu est celui qui donne la paix à notre monde. C'est lui le premier qui a été envoyé par le Père comme un agneau au milieu des loups. Et la croix est la preuve que les loups peuvent faire mal. « Dans toute maison où vous entrerez, dites d'abord : 'Paix à cette maison' ». Voilà le premier devoir et le premier témoignage du missionnaire : être un artisan de paix en toutes circonstances. Que l'Esprit de Dieu nous donne cette grâce !

15ᵉᵐᵉ dimanche du temps ordinaire

Luc 10, 25-37

2007

« *Que dois-je faire pour avoir part à la vie éternelle ?* » Le docteur de la Loi pose ici au Seigneur la question essentielle de toute vie humaine même si c'est avec une intention mauvaise, pour le mettre à l'épreuve. Cette question ne devrait pas se situer sur un plan théorique ou intellectuel... Or c'est bien à un jeu théologique que le docteur de la Loi veut se livrer ici. Cette question ne peut obtenir de réponse que sur un plan pratique, celui de l'engagement de toute notre personne en vue d'obtenir la vraie vie. La réponse de Jésus est désarmante de simplicité : tu es docteur de la Loi, tu as donc la réponse à ta propre question. Tu connais la Loi de vie, tu n'as plus qu'à la mettre en pratique : « Fais ainsi et tu auras la vie. » Cette simplicité n'est pas sans rappeler l'épisode de Lazare et du riche dans le même Evangile... « Ils ont Moïse et les prophètes, qu'ils les écoutent... S'ils n'écoutent pas Moïse, et les prophètes, même avec la résurrection d'un mort on ne les convaincrait pas. » La première lecture, extraite de la Torah, insiste sur cette simplicité de la Loi. Croire et pratiquer notre religion n'est pas quelque chose de compliqué : « Cette loi que je te prescris aujourd'hui n'est pas au-dessus de tes forces ni hors de ton atteinte... Elle est tout près de toi, cette Parole, elle est dans ta bouche et dans ton cœur afin que tu la mettes en pratique. »

Même si son intention n'est pas pure, le docteur de la Loi veut se faire passer pour un homme juste auprès de Jésus, d'où sa volonté de poursuivre le débat par une nouvelle question : « *Et qui donc est mon prochain ?* » Peut-être espérait-il avec cette question apparemment difficile mettre Jésus en mauvaise posture... C'était bien sûr méconnaître la personne du Seigneur. Il n'est pas un docteur de la Loi, même excellent, il est la Parole de Dieu faite chair. Et c'est par la merveilleuse parabole du bon samaritain que le Seigneur va répondre et ainsi nous enseigner ce que signifie aimer notre prochain.

Sur ce chemin de Jérusalem à Jéricho vont passer un prêtre, un lévite et un samaritain. Seul ce dernier verra l'homme blessé au bord de la route : « Il le vit et fut saisi de pitié. » Le prêtre et le lévite l'ont eux aussi vu. Mais ils l'ont ignoré. Il ne suffit pas de voir la souffrance de l'autre pour l'aimer. Il faut encore que notre cœur soit bouleversé, capable de compassion, saisi de pitié comme le dit l'Evangile. Ne jetons pas trop vite la pierre sur le prêtre et le lévite en les traitant d'égoïstes ou de personnes insensibles. Bien souvent nous leur ressemblons, bien souvent, nous aussi, nous avons changé de trottoir pour éviter de voir de trop près ce mendiant ou ce clochard ou ce groupe de jeunes marginaux au look peu catholique. Il est certain que nous ne pouvons pas soulager toute la misère du monde. Mais alors comment faire pour aimer notre prochain ? Cela demande non seulement d'avoir un cœur capable de compassion, mais aussi de prendre le temps de nous faire proche de ce prochain au bord du chemin ou sur le trottoir de nos villes. Or, bien souvent, nous courrons, nous n'avons pas le temps, nous avons telle course à faire ou telle affaire à régler. Et puis si nous sommes en vacances nous considérons peut-être qu'il est temps de penser d'abord à nous... *Voilà nos difficultés bien concrètes dans l'exercice de la charité.* Sans oublier qu'il peut être des fois dangereux pour nous de nous approcher de certaines personnes. Il arrive aussi que sous le mendiant se cache un brigand, ou sous l'auto-stoppeur une personne malhonnête...

Qui est donc le prochain de l'homme pauvre ou en difficulté ? « Celui qui a fait preuve de bonté envers lui. » La traduction liturgique est inexacte. Il faudrait dire avec la Bible Osty : « Celui qui a exercé la miséricorde envers lui. » Aimer notre prochain, c'est donc faire preuve de miséricorde à son égard. Nous avons à demander au Seigneur un cœur de chair, un cœur capable d'aimer et d'être sensible. Si notre cœur est endurci, le sacrement de réconciliation nous sera d'une grande aide. Ensuite tout est dans le don de nous-mêmes. Sortir de notre égoïsme c'est bien difficile. Mais souvenons-nous que la Loi du Seigneur n'est pas au-dessus de nos forces. Le bon samaritain était peut-être lui aussi pressé. Il a donné de son temps. Il a aussi donné de son argent pour que cet homme puisse être accueilli et soigné par l'aubergiste. Ce qui signifie que dans l'exercice de la charité nous ne sommes pas seuls. Il ne nous est pas demandé de tout faire par nous-mêmes. Nous pouvons nous faire aider. Ce qui nous est demandé, c'est bien en quelque sorte de payer de notre personne pour que notre prochain soit réconforté et soulagé. Notre présence, notre sourire, notre parole, notre main tendue, tout cela fait partie de la miséricorde envers celui qui souffre pour une raison ou pour une autre. Cela ne demande pas forcément beaucoup de temps ni beaucoup d'argent. *Si nous avons le cœur ouvert, alors nous trouverons bien, avec l'aide de l'Esprit Saint, la juste attitude au bon moment.*

16ème dimanche du temps ordinaire

Luc 10, 38-42

2007

Après la parabole du bon samaritain, nous poursuivons notre lecture du chapitre 10 de saint Luc. L'épisode de Jésus chez Marthe et Marie comme la parabole du bon samaritain sont des textes propres à l'évangéliste Luc. Bien des commentateurs se sont heurtés à la difficulté d'une juste interprétation de ce passage évangélique. Cela fait maintenant un certain temps que la plupart des commentateurs ont abandonné l'interprétation qui consistait à opposer la vie active, représentée par Marthe, à la vie contemplative, représentée par sa sœur Marie. En fait cet Evangile semble bien être une leçon de vie chrétienne pour tous, et pas seulement pour les personnes consacrées.

Regardons tout d'abord l'attitude de Marthe recevant Jésus chez elle : elle « était accaparée par les multiples occupations du service. » Une autre traduction donne la version suivante : elle « était absorbée par tout le service. » Et lorsque Marthe se plaint de ne pas être aidée par sa sœur, le Seigneur lui répond : « tu t'inquiètes et tu t'agites pour bien des choses. » Si l'intention de Marthe est louable, c'est sa état d'esprit qui est critiquable. Dans sa volonté de perfectionnisme, de bien recevoir son hôte de marque, elle passe à côté de l'essentiel, ce que Jésus nomme ici le « nécessaire ». Finalement elle est davantage absorbée par ses casseroles et par ses plats que par la présence du Seigneur Jésus. *Recevoir quelqu'un, surtout si c'est le Seigneur, c'est le recevoir dans toutes ses dimensions*. Certes le corps de Jésus a besoin de nourriture, mais Jésus n'est pas seulement un corps affamé. Le livre des Proverbes note avec humour : « Mieux vaut un morceau de pain sec et la paix, qu'une maison où les festins se terminent en dispute.[11] » Recevoir quelqu'un c'est lui permettre d'entrer en relation, en dialogue, donc c'est toujours, d'une manière ou d'une autre, l'écouter. Nous avons tous faits l'expérience de repas succulents au cours desquels nous nous sommes ennuyés car nous n'étions pas réellement accueillis… Marthe oublie la relation entre les âmes, entre les esprits. Son souci excessif du service de la table lui fait rater cette occasion peut-être unique de rencontre en profondeur avec le Seigneur. Quand nous sommes inquiets et agités intérieurement, nous avons beau être là, physiquement présents, nous ne pouvons pas être présents véritablement à la personne que nous recevons. Les apôtres ont bien compris au commencement de l'Eglise le danger de l'activisme, même dans un but noble : aider les pauvres et rendre service aux prochain : « Ce ne serait pas normal que nous laissions de côté la parole de Dieu pour assurer le service des tables.[12] »

---

11 Proverbes 17, 1

12 Actes 6, 2

Regardons maintenant l'attitude de Marie : elle écoute la parole de Jésus. C'est elle qui a choisi « la meilleure part ». Est-ce par hasard si, quelques versets plus haut, dans le même chapitre, saint Luc nous rapporte ces paroles du Seigneur : « *Heureux les yeux qui voient ce que vous voyez. Oui, je vous le dis : beaucoup de prophètes et de rois ont voulu voir ce que vous voyez et ne l'ont pas vu, entendre ce que vous entendez, et ne l'ont pas entendu !*[13] » Marie a conscience de vivre un événement unique, bouleversant : une rencontre avec Celui qui est la Parole de Dieu faite chair. Marthe veut nourrir le corps de Jésus. Quant à elle, elle veut nourrir son âme en écoutant la Parole du Seigneur. L'une veut donner, l'autre se rend disponible pour recevoir. La première attitude du disciple est bien celle de l'écoute. L'écoute du Seigneur, voilà le nécessaire dans nos vies, la meilleure part sans laquelle tout le reste s'évanouit et perd finalement saveur et consistance.

Alors cet Evangile nous invite à un examen de conscience. Notre vie est peut-être chrétienne, mais est-elle vraiment spirituelle ? Et que signifierait une vie chrétienne sans spiritualité ? La vie de prière, de méditation, d'étude et de lecture de la Parole de Dieu est indispensable pour notre vie chrétienne. Si nous sommes en permanence inquiets et agités à cause des choses matérielles, comment pouvons-nous nous rendre présents à l'unique nécessaire ? Nous courons sans cesse, nous n'avons jamais le temps… Oui, nous courons après le vent. S'arrêter, faire une vraie pause quotidienne pour la rencontre avec le Seigneur est une véritable libération. Pour une fois on ne nous demande pas de donner ou de faire, mais de recevoir : quel bonheur ! Encore faut-il écarter tous les obstacles qui se dressent sur ce chemin de notre vie spirituelle. Et ils sont nombreux ! Le premier étant peut-être le bruit de notre vie moderne. Le silence est devenu une denrée de luxe. *Oui, tout lâcher, tout quitter*, y compris téléphones fixes et portables, *pour vivre pleinement et avec toute notre foi, tout notre amour, ce temps privilégié de la prière.*

---

13 Luc 10, 23.24

17ème dimanche du temps ordinaire

Luc 11, 1-13

2007

Après l'épisode de Jésus chez Marthe et Marie, l'Evangile de ce dimanche nous rapporte la transmission du Notre Père aux premiers disciples. Marie avait choisi la meilleure part, le nécessaire de toute vie humaine : la vie spirituelle, la vie qui se met à l'écoute de la Parole du Seigneur. Et voilà que Jésus va enseigner à ses disciples ce qui deviendra la prière de tous les chrétiens. Si Matthieu nous rapporte aussi la transmission du Notre Père, il y a toutefois *quelques différences notables entre Luc et Matthieu*. Chez ce dernier le Notre Père prend place dans le sermon sur la montagne, sermon qui commence avec les Béatitudes. L'atmosphère est donc chez le premier évangéliste celle de l'enseignement. Luc situe le Notre Père dans un tout autre contexte. Chez lui tout part de l'expérience de Jésus en prière. C'est en voyant prier leur Maître que les disciples lui ont en quelque sorte demandé une méthode d'oraison : *« Un jour, quelque part, Jésus était en prière. »* Cette introduction mériterait à elle seule un commentaire approfondi. Jésus était en prière. Pour lui la prière n'est pas seulement une activité. Elle est une composante fondamentale de sa personne. L'imprécision de Luc est aussi intéressante : un jour, quelque part… Comme s'il voulait nous dire que la prière ne dépend ni d'un jour précis ni d'un lieu particulier. Le chrétien qui est avancé dans la voie de la prière sait en effet qu'il faut prier en tout temps et en tout lieu, même si, bien sûr, on ne prie pas de la même manière dans le silence d'un oratoire ou dans le brouhaha du métro.

Entre Matthieu et Luc, il y a plus qu'une différence de contexte. Sans parler des nuances dans les mots mêmes du Pater, nous pouvons relever une insistance différente. Chez Matthieu, le Seigneur met l'accent sur le pardon des offenses en faisant suivre le Pater du commentaire suivant : *« Si vous pardonnez aux autres leurs offenses, votre Père céleste vous pardonnera aussi. Mais si vous ne pardonnez pas aux autres, votre Père non plus ne vous pardonnera pas vos offenses.*[14] *»* Chez Luc le Seigneur fait suivre l'enseignement du Pater par une petite parabole, celle de l'ami importun. La leçon est claire : nous devons prier avec insistance et sans nous lasser. Il est relativement facile de commencer dans la voie de la prière. Il est beaucoup plus difficile de persévérer sur ce chemin de vie. La tentation la plus fréquente pour le chrétien qui veut être fidèle à la vie de prière c'est bien celle du découragement. On se décourage car on ne ressent pas la présence paternelle et aimante de Dieu. On se décourage car on a l'impression de ne pas être entendu, de ne pas être exaucé. Le découragement dans la prière, l'abandon de la vie spirituelle régulière proviennent toujours d'un manque de foi de notre part. Nous n'avons pas assez confiance en Dieu et surtout notre amour pour Lui s'est refroidi. La fin de notre Evangile est un appel à la confiance : *« Si donc vous, qui êtes mauvais, vous savez donner de bonnes choses*

---

[14] Matthieu 6, 14.15

à vos enfants, combien plus le Père céleste donnera-t-il l'Esprit-Saint à ceux qui le lui demandent ? » Cette conclusion est riche d'enseignements. En transmettant le Pater Jésus insiste sur la bonté de Dieu en tant que Père. Et il nous montre aussi que toutes les demandes du Pater peuvent se résumer en une seule : demander à Dieu notre Père l'Esprit-Saint. Car si nous avons en nous cette présence de l'Esprit-Saint et si nous suivons ses inspirations, non seulement nous éviterons le mal mais nous grandirons de jour en jour sur le chemin de la sainteté. Voilà ce que nous avons à demander en premier : le don de l'Esprit-Saint. Comme le dit le Seigneur dans l'Evangile nous devons rechercher d'abord le Royaume de Dieu et tout le reste nous sera donné par surcroît.

En guise de conclusion je voudrais faire allusion à l'expérience de deux saints espagnols du 16ème siècle. Tout d'abord sainte Thérèse de Jésus, la réformatrice du Carmel. Elle affirme avoir quelquefois passé tout le temps de son oraison à méditer seulement les deux premiers mots du Pater : « Notre Père ». Chaque mot du Pater est en effet d'une profondeur insoupçonnable. Si dans la prière communautaire nous n'avons pas le temps de méditer ces paroles, dans la prière personnelle nous avons tout intérêt à les savourer les unes après les autres, en prenant conscience sous l'action de l'Esprit de toute leur portée. L'autre saint est Ignace de Loyola, le fondateur des Jésuites. Dans ses Exercices spirituels il affirme que « ce n'est pas d'en savoir beaucoup qui rassasie et satisfait l'âme, mais de *sentir et de goûter les choses intérieurement.* » Et il donne aux retraitants trois manières de prier, trois méthodes en quelque sorte. La deuxième manière de prier, écrit-il, « se fait en contemplant la signification de chaque mot de la prière. » Nous retrouvons l'expérience de Thérèse d'Avila avec le Pater. Et Ignace donne le détail de cette méthode : « Etant à genoux ou assis, selon qu'on s'y trouve plus disposé et accompagné de plus de dévotion, tenant les yeux fermés ou posés sur un endroit, sans les laisser aller çà et là, on dira : Pater. Et l'on restera dans la considération de ce mot aussi longtemps que l'on trouvera des significations, des comparaisons, du goût et de la consolation dans des considérations qui se rapportent à ce mot. Si celui qui contemple le *Pater noster* trouve dans un ou deux mots une bonne matière pour la pensée, et du goût et de la consolation, qu'il ne se soucie pas d'aller plus loin, même si l'heure devait se terminer sur ce qu'il trouve. Celle-ci terminée, il dira le reste du *Pater noster* de la manière habituelle.[15] »

---

15 Exercices Spirituels nn°252.254.

18ème dimanche du temps ordinaire

Luc 12, 13-21

2010

Au cœur de notre été la liturgie de la Parole nous entretient du *sens de notre vie*. Question usée, pourrait-on penser, par les philosophies comme par les mythes et les religions... Mais question essentielle parce qu'éternelle, jamais démodée finalement. La petite parabole de l'Evangile, celle de l'homme riche, est à lire en lien avec la première lecture, un court extrait du *livre de Qohélet ou Ecclésiaste*. Dans le contexte de la révélation biblique ce livre de sagesse, dans l'Ancien Testament, se démarque par son originalité et son étonnante modernité. Il prend ses distances avec l'optimisme des théologiens traditionnels. Notre première lecture nous en donne le début, assez célèbre, et en sautant de très nombreux versets, presque deux chapitres, nous fait entendre quelques versets de la fin du chapitre deux. Tout cela pour dire qu'il faudrait lire ces chapitres, et même ce livre bref et dense, dans leur intégralité. Je vous invite donc à faire cette lecture du livre de Qohélet dans votre Bible. Pour résumer le contenu des deux premiers chapitres, imaginons-nous *un homme présenté comme un roi*. Il a tout ce qu'il faut pour être heureux matériellement, il est comblé, il a parfaitement réussi sa vie du point de vue humain. Et même c'est un sage, un intellectuel. Malgré sa sagesse ou peut-être grâce à sa sagesse, il n'est pas satisfait. Il se met à réfléchir sur sa vie et en fait le bilan : « On ne tient rien, on court après le vent ; il n'y a rien à gagner sous le soleil ! [...]

Et j'ai trouvé la vie détestable : pour moi, tout ce qui se fait sous le soleil est une mauvaise affaire, tout nous échappe, on court après le vent ». Voilà le sens du dicton « Vanité des vanités, tout est vanité ! » que la Bible des Peuples traduit : « Rien qui tienne, on n'a de prise sur rien ! » Qohélet peut être perçu comme un pessimiste. Mais lui se définit comme un réaliste. *La vanité de notre vie humaine, c'est-à-dire son vide, son néant, son inconsistance*, ne provient pas seulement du fait qu'elle est limitée dans le temps par la mort, comme nous le rappelle le psaume 89. Elle provient aussi de ce qui semble être une injustice permanente : non seulement la mort réduit à néant toute une vie de labeur et d'activité, mais un homme juste et travailleur peut laisser son héritage à un fils fainéant et injuste... La question posée par Qohélet et par Jésus dans l'Evangile est donc la suivante : qu'est-ce qui offre à notre vie un fondement solide ? Ou bien que signifie réussir sa vie ? Au sein même de cette inconsistance comment vivre sans se décourager et finalement désespérer ? Jésus traite de « fou » l'homme riche de la parabole, celui qui à l'opposé de Qohélet, est parfaitement satisfait de sa réussite sociale et matérielle sans se poser aucune question. *Sa folie tient d'abord à ce qu'il oublie le terme inévitable de sa vie terrestre.* Le psaume demande au Seigneur : « Apprends-nous la vraie mesure de nos jours : que nos cœurs pénètrent la sagesse ». Le sage c'est celui qui sait qu'il retournera à la poussière, et que comme une simple herbe des champs, il peut en un seul jour se faner, se dessécher. La pensée de la mort n'est pas forcément source de désespoir, comme dans le livre de Qohélet. Elle permet à celui qui est sage de la sagesse du Christ de donner au contraire à sa vie tout son poids et toute sa valeur. C'est bien parce que notre vie est limitée temporellement que nos activités revêtent *dans leur « vanité » apparente un poids d'éternité*. La folie de cette homme consiste surtout en sa cupidité : « Gardez-vous bien de toute âpreté au gain ». Saint Paul résumera l'enseignement de Jésus sur le danger des richesses en une formule saisissante : « L'amour de l'argent est la racine de tous les maux ». Les désordres et les déséquilibres de notre monde viennent très souvent de la course au profit alliée à l'orgueil et au désir de dominer. Désordres économiques c'est évident, mais aussi politiques, sociaux. Dans de nombreux conflits armés l'aspect financier est non négligeable. Le Seigneur nous met donc en garde pour nous éviter l'idolâtrie de l'argent et dans le même mouvement pour que nous soyons riches « en vue de Dieu ». L'homme nouveau, celui qui est uni au Christ par le baptême et par la foi, échappe à la vanité de la vie dans la mesure où il s'enrichit en vue de Dieu. Au sein de la fragilité et de l'inconsistance de tout ce qui est humain, nous pouvons fonder notre vie et ses activités sur la parole du Christ, roc inébranlable. C'est cette parole qui nous enseigne comment nous enrichir en vue de Dieu. Jésus ne nous demande pas d'être de tristes jansénistes refusant les plaisirs et les joies de l'existence humaine. Les accepter c'est aussi accepter humblement sa condition de créature charnelle, comme nous l'enseigne l'Ecclésiaste. Le chrétien sait être reconnaissant pour les bienfaits de la Création. Il sait surtout que c'est par l'amour, donc par le refus de l'égoïsme, qu'il fait entrer déjà un peu d'éternité dans la « vanité » de cette vie. Pour reprendre une expression de saint Paul, « seule vaut la foi qui agit grâce à l'amour ». Demandons au Seigneur Jésus sa force et sa lumière pour prendre ce chemin de vie qui seul peut nous conduire à la vie éternelle !

19ᵉᵐᵉ dimanche du temps ordinaire

Luc 12, 32-48

<u>2010</u>

Au cœur de l'été nous poursuivons notre lecture continue de l'Evangile selon saint Luc au chapitre 12. Le lien avec l'Evangile de dimanche dernier est évident même si nous sautons quelques versets pour parvenir au passage évangélique que nous venons d'entendre à l'instant. Souvenez-vous de la parabole de l'homme riche et de l'avertissement du Seigneur : « *Gardez-vous de toute cupidité* ». Et son invitation à s'enrichir en vue de Dieu. Dans les versets omis par la lecture continue nous trouvons l'un des enseignements majeurs de l'Evangile : « *Cherchez le Royaume de Dieu, et cela vous sera donné en plus* ». Quoi donc ? Le nécessaire pour notre vie humaine. De fait l'Evangile de ce dimanche ne cesse pas de nous parler de cette mystérieuse réalité du Royaume de Dieu. Et Jésus nous demande d'avoir et d'entretenir en nous deux attitudes fondamentales pour pouvoir accueillir ce Royaume : *le détachement et la vigilance*. Le détachement parce que le Royaume est déjà présent au milieu de nous avec Jésus, avec le mystère de l'incarnation. La vigilance parce que le Royaume doit encore s'accomplir avec le retour du Seigneur dans la gloire, retour dont nous ne pouvons pas connaître le moment. Dans le passage omis Jésus déplore notre peu de foi. C'est en effet parce que notre foi est bien faible que nous avons tant de mal à être détachés des biens matériels et à être vigilants pour le Royaume.

Regardons tout d'abord l'appel au détachement, dans la suite logique de la parabole de l'homme riche. Cet appel est précédé d'un enseignement essentiel : « *Sois sans crainte, petit troupeau, car votre Père a trouvé bon de vous donner le Royaume* ». La présence de Dieu, son action nous sont données ! Jésus affirme que la grâce du Père est première dans notre condition de chrétiens. Hier comme aujourd'hui les chrétiens sont un « petit troupeau ». Notre dignité ne vient pas de notre nombre ou de notre puissance mais de ce que le Royaume nous est donné. Et si telle est bien la vérité de notre foi, alors nous n'avons rien à craindre, même si nous étions en situation minoritaire. Le signe que ce Royaume nous est donné réellement, c'est notre capacité à donner. De notre personne bien sûr, mais aussi de nos biens. Jésus souligne l'importance de l'aumône comme acte de foi dans le Royaume. Si notre trésor correspond à notre compte bancaire, alors nous ne pouvons pas aimer Dieu ni notre prochain comme Jésus nous le demande.

Regardons maintenant l'exigence de la vigilance en vue de l'accomplissement du Royaume, et cela à travers une parabole bien connue de tous et qui fait partie du lectionnaire pour les funérailles chrétiennes. Oui, notre vie chrétienne est en même temps un don, une grâce et une exigence. La fidélité répétitive des moines et des moniales est un magnifique exemple de vigilance. Pour nous qui vivons dans le monde avec un rythme de vie très différent des consacrés le travail de la vigilance correspond à notre devoir d'état. Notre vie dans le monde est elle aussi bien souvent répétitive. Elle peut même nous paraître fade et monotone tellement nous sommes attirés par la nouveauté et le changement. C'est là que la foi, l'amour et l'espérance chrétienne peuvent transfigurer le quotidien en nous remettant dans l'axe du Royaume. Le devoir d'état ce n'est rien d'autre que notre vocation. Nous attendrons comme il faut le Seigneur si nous sommes de plus en plus fidèles à notre vocation que nous soyons mariés, prêtres, consacrés ou célibataires. Le fait d'être croyants n'enlèvera pas l'aspect répétitif de certaines tâches, le côté rébarbatif du devoir d'état. Mais nous aurons au cœur même de la monotonie la possibilité de puiser la joie aux sources du salut. C'est là que la prière a toute sa place comme boussole qui nous réoriente régulièrement vers l'essentiel, vers le Royaume. Et tout le reste nous sera donné par surcroît.

La conclusion de cette page évangélique nous remet devant une réalité que nous avons tendance à oublier. Au jour du jugement dernier ce ne sont pas les ignorants, athées ou non-chrétiens, bref les autres, qui auront le plus de soucis à se faire, mais bien nous. Non pas que Jésus nous pousse à la peur, il nous a dit « Sois sans crainte, petit troupeau », mais il veut nous faire comprendre la réalité suivante : au plus nous avons reçu, au plus il nous sera demandé. Si être chrétien c'est d'abord une grâce incomparable, c'est aussi une immense responsabilité : « A qui l'on a beaucoup donné, on demandera beaucoup ; à qui l'on a beaucoup confié, on réclamera davantage ». Et c'est encore plus vrai du ministère des prêtres, des évêques et du pape. Saint Augustin l'avait bien compris lui qui faisait la différence entre la douce grâce d'être chrétien et le fardeau de la vocation d'évêque : « *Pour vous, je suis évêque ; avec vous, je suis chrétien. Le premier nom est celui d'un office reçu ; le second, de la grâce ; le premier nom est celui d'un danger ; le second, du salut* ". Demandons vraiment la force de Dieu pour être fidèles chaque jour, si possible davantage, à la présence de son Royaume et à notre vocation particulière.

Assomption de la Vierge Marie

Luc 1, 39-56

2010

C'est dans son document consacré au mystère de l'Eglise que le Concile Vatican II parle de la place de la Vierge Marie dans la vie des chrétiens. A la fin de cette longue réflexion sur la nature de l'Eglise, le chapitre VIII de *Lumen Gentium* traite de « la Bienheureuse Vierge Marie, Mère de Dieu, dans le mystère du Christ et de l'Eglise ». Si nous voulons vraiment connaître Marie, sa vocation, sa mission et sa place dans notre vie chrétienne, nous devons toujours la contempler « dans le mystère du Christ et de l'Eglise ». C'est bien parce qu'elle est la mère du Christ qu'elle est aussi la mère de l'Eglise et de chaque baptisé en elle. Mère de l'Eglise, elle est aussi, d'après le Concile, « un membre suréminent et absolument unique de l'Eglise ». « Elle est devenue pour nous, dans l'ordre de la grâce, notre Mère ». Le Concile nous parle de la Vierge Marie dans le mystère de son Assomption, et je me permets de le citer ici pour nous introduire au véritable sens de cette fête : « Après son Assomption au ciel, le rôle de Marie dans le salut ne s'interrompt pas : par son intercession répétée elle continue à nous obtenir les dons qui assurent notre salut éternel. Son amour maternel la rend attentive aux frères de son Fils dont le pèlerinage n'est pas achevé, ou qui se trouvent engagés dans les périls et les épreuves, jusqu'à ce qu'ils parviennent à la patrie bienheureuse ».

Je reviendrai plus tard au texte du Concile. Je voudrais maintenant *à partir de la parole de Dieu contempler Marie dans sa personne et dans sa mission*. Le livre de l'Apocalypse nous fait voir cette fresque saisissante, située à la fin des temps, dans laquelle deux signes s'affrontent et se combattent : La Femme et le dragon. La Tradition catholique a vu dans cette Femme l'image de Marie. Curieusement, alors que la scène se situe à la fin des temps, cette femme nous est montrée sur le point d'accoucher. Et c'est contre l'enfant de cette femme que le dragon se déchaîne. Un peu comme si le mystère de Noël devait se répéter à la fin des temps, lors du combat final entre Dieu et les puissances du mal. Après la Nativité ce dragon a eu pour nom le roi Hérode. Souvenez-vous du massacre des Saints Innocents destiné à tuer le fils de Marie, Jésus nouveau-né. Dans l'eschatologie ce dragon est probablement une image de Satan. L'esprit mauvais a horreur de l'incarnation. Le fait que Dieu se fasse homme en Jésus, né de la Vierge Marie, cet abaissement divin en notre faveur, cette union du divin avec la chair et le sensible, mettent Satan dans une grande fureur. Car l'incarnation témoigne non seulement de l'immense bonté de Dieu, de sa miséricorde, mais aussi de son humilité et de sa volonté de s'unir aux pauvres créatures imparfaites et mortelles que nous sommes. Et si la Vierge Marie a été choisie depuis toute éternité par le Père pour être la Mère du Sauveur, c'est en grande partie en raison de son humilité. *Elle est en quelque sorte l'anti-Satan.* Et si nous mettons la première lecture en lien avec la deuxième, nous le comprenons encore mieux. Par son Assomption Marie participe déjà pleinement à la résurrection de son Fils. Elle lui est parfaitement unie dans sa victoire sur les puissances du mal et la mort. Aux côtés du Christ elle ne cesse de lutter contre les manœuvres du démon qui voudrait faire échouer le plan de salut divin pour notre humanité. Marie est la première créature à être totalement sauvée. Elle est le signe vivant de ce que l'union entre Dieu et ses créatures humaines est à nouveau possible par et dans le Christ. Le récit évangélique de la Visitation met en avant les vertus de Marie, « bénie entre toutes les femmes ». Si Marie est bienheureuse ce n'est pas d'abord parce qu'elle est la Mère du sauveur. C'est parce qu'elle a répondu « oui » de manière parfaite à l'appel de Dieu. Ce sont ses vertus qui lui ont permis de dire ce « oui » total et définitif au Seigneur. Dans l'Evangile de cette fête deux vertus de Marie sont mises en avant. Sa grande foi tout d'abord : « Heureuse celle qui a cru à l'accomplissement des paroles qui lui furent dites de la part du Seigneur ». Et son humilité ensuite : « Il s'est penché sur son humble servante... Il élève les humbles ». Oui, dans son Assomption, Marie est élevée corps et âme à la gloire du ciel parce que toute sa vie elle n'a cessé de vivre humblement sous le regard de Dieu, et que son corps a été le tabernacle du Verbe de Dieu. C'est dans ce contexte des vertus mariales que *le Concile Vatican II* peut nous aider à comprendre ce qu'est la vraie dévotion du chrétien envers Marie : « Que les fidèles se souviennent qu'une véritable dévotion ne consiste nullement dans un mouvement stérile et éphémère de la sensibilité, pas plus que dans une vaine crédulité ; la vraie dévotion procède de la vraie foi, qui nous conduit à reconnaître la dignité éminente de la Mère de Dieu, et nous pousse à aimer cette Mère d'un amour filial, et à poursuivre l'imitation de ses vertus ». *En ce jour de fête demandons à Marie, pleinement unie au Dieu Trinité, de nous faire grandir dans les vertus de foi et d'humilité. Puissions-nous l'aimer vraiment en l'imitant et en donnant jour après jour la joie du Christ Ressuscité à notre monde.*

20ème dimanche du temps ordinaire

Luc 12, 49-53

2007

Un feu sur la terre, la division dans le monde ! Nous sommes spontanément choqués quand nous entendons ce langage dans la bouche de Jésus... Dépassons cette première impression, accueillons cette Parole de Dieu et essayons de la comprendre en profondeur.

« Je suis venu apporter un feu sur la terre, et comme je voudrais qu'il soit déjà allumé ! » Seul saint Luc nous rapporte cette parole du Christ. Jésus nous livre ici le désir qui habite son cœur, il veut nous faire comprendre le pourquoi de son incarnation : « apporter un feu sur la terre ». Cette expression est énigmatique. Est-ce le feu de l'amour divin, l'Esprit Saint ? Est-ce au contraire le feu du jugement et du châtiment divins ? Le contexte général des Evangiles nous présente Jésus davantage comme un Sauveur que comme un juge. Nous pouvons donc penser qu'il s'agit ici du feu de l'amour divin. Nous devinons derrière le désir de Jésus une certaine tristesse : la tristesse de constater la lenteur et la difficulté avec lesquelles ce feu s'allume sur notre terre... L'amour n'est pas aimé ! En livrant son désir à ses disciples, Notre Seigneur les invite à la ferveur. Evitons le péché de l'Eglise de Laodicée dans l'Apocalypse : la tiédeur. *« Tu es tiède, ni froid ni chaud, et je vais te vomir de ma bouche*[16] *».* Demandons à l'Esprit Saint d'allumer en nous le feu de la Pentecôte ! C'est d'une manière suggestive que le même saint Luc nous rapporte l'événement de la Pentecôte : *« Ils virent comme un feu qui se divisait, et sur chacun d'eux se posait une des langues de ce feu*[17] *».*

Venons en maintenant au passage qui nous pose le plus question : *« Pensez-vous que je sois venu mettre la paix dans le monde ? Non, je vous le dis, mais plutôt la division. »* C'est une règle d'or dans l'interprétation des Evangiles de ne pas isoler un passage. La juste interprétation dépend d'une lecture qui n'oppose pas mais qui unit. Avant de comprendre le sens exact de ce que nous dit ici le Seigneur, souvenons-nous d'autres passages où il *semble* affirmer le contraire... *« Je vous laisse la paix, je vous donne ma paix. Je ne vous la donne pas comme le monde la donne.*[18] *»* La paix que le Christ donne à ses amis est une paix spirituelle. Elle est différente de la paix que peut donner le monde. Si nous revenons à l'Evangile de ce dimanche, Jésus illustre lui-même quel type de division il peut provoquer : dans nos familles humaines. Pourquoi

---

16 Apocalypse 3, 16

17 Actes des Apôtres 2, 3

18 Jean 14, 27

donc ? Tout simplement parce que nous ne pouvons pas prétendre être chrétiens sans faire des choix, sans témoigner de la vérité. Il en a coûté à Jérémie d'être fidèle à la Parole de Dieu face aux puissants de ce monde. Et Paul avertit les chrétiens que témoigner de la vérité peut aller jusqu'au martyre : « *Vous n'avez pas encore résisté jusqu'au sang dans votre lutte contre le péché.* » En saint Matthieu nous trouvons un passage parallèle sur le Christ qui vient porter l'épée, la division dans les familles. Ce qui suit explique tout : « *Celui qui aime son père ou sa mère plus que moi n'est pas digne de moi. Celui qui aime son fils ou sa fille plus que moi n'est pas digne de moi. Et celui qui ne prend pas sa croix pour marcher derrière moi n'est pas digne de moi.* [19] » Si nous voulons vraiment être les disciples du Christ, nous devons faire passer son amour avant toutes choses. Ce qui signifie que si notre attitude chrétienne déplaît à notre famille, nous devons l'assumer jusque dans ses ultimes conséquences. Pour le chrétien, la famille spirituelle, l'Eglise, passe avant les liens de la chair. Ce qui demeure choquant dans cet Evangile, c'est que nous avons l'impression, et c'est encore plus vrai dans la version de Matthieu, que cette division est voulue par le Christ. En fait nous avons affaire à une tournure sémite. Le Seigneur ne veut pas que nous nous divisions dans nos familles. Il veut que nous lui soyons fidèles en toutes choses, même si cela doit aller, malheureusement, jusqu'à créer des dissensions avec ceux qui nous sont le plus proches… La vraie paix, celle qui vient du Seigneur, ne peut être en contradiction avec la vérité. Par charité nous devons, il est vrai, faire telle ou telle concession pour préserver la paix. Mais nous ne pouvons pas trahir notre engagement chrétien que ce soit dans nos familles, dans notre métier ou encore dans la vie politique.

En guise de conclusion, écoutons un magnifique texte de l'apôtre Paul :
« *Le Christ est notre paix. […] Par la croix il a tué la haine : il a réconcilié avec Dieu les deux peuples devenus un seul corps. Il est venu annoncer la paix à vous qui étiez loin, et la paix aussi à ceux qui étaient proches. Par lui nous venons au Père, les uns et les autres dans un même Esprit.*[20] »

---

19 Matthieu 10, 37.38

20 Ephésiens 2, 14.16-18

21ème dimanche du temps ordinaire

Luc 13, 22-30

2010

« *Seigneur, n'y aura-t-il que peu de gens à être sauvés ?* » La question que cet inconnu pose à Jésus est celle du salut de l'humanité. C'est donc une question essentielle et sérieuse. Si pour nous le péché originel ainsi que nos propres péchés sont des réalités, des réalités qui nous séparent de Dieu ou nous éloignent de lui, nous savons par expérience à quel point nous avons besoin d'être sauvés. Cette question porte sur le nombre des créatures sauvées : seront-elles nombreuses ou pas ? Même si Jésus ne répond pas directement à cette question, cela demeure une question inévitable pour le chrétien. Jésus fait route vers Jérusalem, il va vers son sacrifice en vue justement du pardon des péchés et du salut. Lors de l'institution de l'eucharistie il prononcera ces paroles significatives : « *Ceci est mon sang, le sang de l'alliance, qui est versé pour une multitude, pour le pardon des péchés* ». Ce sang du Fils de Dieu, répandu *pour beaucoup* selon une autre traduction, obtiendra-t-il le salut de l'humanité ou seulement celui d'un petit nombre d'élus ? Tout au long de l'histoire du christianisme les optimistes et les pessimistes ont donné leur interprétation. Ici Jésus affirme que l'accès au salut est difficile : « *Efforcez-vous d'entrer par la porte étroite* ». Il ne répond pas à la question du nombre des élus. Mais le passage parallèle en saint Matthieu semble abonder dans le sens des « pessimistes » :
Entrez par la porte étroite. Elle est grande, la porte, il est large, le chemin qui conduit à la perdition ; et ils sont nombreux, ceux qui s'y engagent. Mais elle est étroite, la porte, il est resserré, le chemin qui conduit à la vie ; et ils sont peu nombreux, ceux qui le trouvent.

En saint Matthieu lorsque le Seigneur affirme la difficulté pour un riche d'entrer dans le Royaume des Cieux, les disciples posent eux aussi la question du salut : « *Mais alors, qui peut être sauvé ?* » Et leur Maître de répondre : « *Pour les hommes, c'est une chose impossible, mais pour Dieu tout est possible* ». Nous constatons ainsi en parcourant les Evangiles que la question du salut est abordé de manière différente selon le contexte. L'Evangile de ce jour nous rappelle que nous n'irons pas tous automatiquement au Paradis. Que nous devons utiliser notre liberté selon la volonté de Dieu, c'est-à-dire entrer par la porte étroite, pour y parvenir. En même temps le Royaume de Dieu ne fait pas partie des droits de l'homme, c'est un don de Dieu, et seul Dieu est capable de nous y conduire par son Fils Jésus notre unique Sauveur.
La deuxième partie de notre Evangile ne se comprend qu'à la lumière de sa conclusion : « *Il y a des derniers qui seront premiers, et des premiers qui seront derniers* ». Dans son enseignement Jésus nous redonne le critère décisif de la valeur de notre vie humaine aux yeux de Dieu. Certains se rassurent à bon compte : « *Nous avons mangé et bu en ta présence, et tu as enseigné sur nos places* ». Ici encore la version de saint Matthieu complète bien le propos de Jésus :

Ce jour-là, beaucoup me diront : 'Seigneur, Seigneur, n'est-ce pas en ton nom que nous avons été prophètes, en ton nom que nous avons chassé les démons, en ton nom que nous avons fait beaucoup de miracles ?' Alors je leur déclarerai : 'Je ne vous ai jamais connus. Écartez-vous de moi, vous qui faites le mal !'
Qui sont donc ces premiers qui risquent de devenir derniers ? Certains Juifs tout d'abord qui, par orgueil (nous sommes le peuple élu, nous avons le temple), pouvaient oublier l'essentiel : la pratique du bien et de la justice. Mais aussi certains d'entre nous qui sommes catholiques pratiquants... Si nous oublions que notre fidélité à la messe du dimanche et à la vie de prière doit aller de pair avec notre désir de mettre en accord notre vie avec la volonté du Seigneur. Nous ne serons pas jugés sur une heure dans notre semaine, mais bien sur tous nos actes et choix quotidiens. « *Eloignez-vous de moi, vous tous qui faites le mal* », ou selon une autre traduction « *vous les ouvriers d'injustice* ». La leçon de cet Evangile pourrait être la suivante : au lieu de vous poser des questions théologiques sur le nombre des élus, agissez selon le bien et la justice. Il ne vous appartient pas de connaître le jour et l'heure du jugement ainsi que le nombre des sauvés. Mais je vous ai fait le don de la liberté pour que vous puissiez coopérer à votre salut par vos actes. Entrer par la porte étroite, c'est par conséquent se remettre en question, ne pas se reposer sur ses lauriers, et saisir que nous ne faisons pas naturellement et instinctivement le bien. Nous avons bien souvent à nous faire violence pour ne pas tomber dans l'égoïsme, l'hypocrisie ou encore l'orgueil religieux des premiers qui sont en fait les derniers. Il y aura des pleurs et des grincements de dents quand vous verrez Abraham, Isaac et Jacob et tous les prophètes dans le royaume de Dieu, et que vous serez jetés dehors. Alors on viendra de l'orient et de l'occident, du nord et du midi, prendre place au festin dans le royaume de Dieu. Même si le Seigneur ne répond pas directement à la question du nombre, il nous donne l'espérance du salut pour beaucoup. Certains Juifs seront sauvés et avec eux des hommes de toute race, langue et nation. Cette mention de l'extension géographique, reprise dans l'Apocalypse, nous montre que ce n'est pas en vain que le Christ a offert sa vie. *Oui, le salut qu'il nous donne est vraiment universel !*

22ᵉᵐᵉ dimanche du temps ordinaire

Luc 14, 7-14

<u>2010</u>

L'Evangile de ce dimanche nous montre Jésus participant à un repas. Il serait intéressant de relever dans les Evangiles tous les repas auxquels le Seigneur a participé jusqu'à l'ultime repas, celui de la dernière Cène, par lequel il institue le sacrement de l'Eucharistie. Nous pourrions aussi relever toutes les paraboles qui mettent en scène un festin. Le repas de notre Evangile n'est pas ordinaire : c'est celui du Sabbat, un repas de fête, un repas sacré, et il ne se déroule pas chez un homme « quelconque » mais bien chez un personnage important, un chef des pharisiens, un « grand » de la société religieuse de l'époque. *A l'occasion de ces repas, le Seigneur avait l'habitude d'enseigner.* Il ne le faisait pas à la manière d'un cours théorique mais en partant de situations concrètes. Ici il observe les invités et remarque qu'ils choisissent les meilleures places, les premières. *C'est bien à partir de cette simple observation que le Seigneur va nous enseigner à travers une parabole.* Si nous ne tenons pas compte de sa conclusion (« Qui s'élève sera abaissé ; qui s'abaisse sera élevé »), cette parabole n'est en fait qu'un enseignement de sagesse humaine, de bon sens et même quelque part de calcul humain. D'ailleurs Jésus n'invente rien. La tradition de sagesse de l'Ancien Testament donnait déjà des conseils similaires dans le livre des Proverbes : « Ne fais pas l'important devant le roi, ne te mets pas au milieu des grands ; mieux vaut qu'on te dise : 'Monte ici !' que de te voir rabaissé en présence du prince ».

Nous constatons que cette sagesse humaine n'a rien à voir avec l'humilité, mais qu'au contraire par un habile calcul on agit de telle sorte à ce que notre orgueil ne soit pas blessé. Dans cette sagesse ce qui motive notre choix c'est bien d'abord notre intérêt. Dans cette perspective « la condition de l'orgueilleux est sans remède ». Cette sagesse tactique ne nous guérit pas de notre orgueil, bien au contraire elle le conforte sous l'apparence d'une fausse humilité. Jésus donne *un sens résolument nouveau* à cet enseignement traditionnel par la conclusion de la parabole : « Qui s'élève sera abaissé ; qui s'abaisse sera élevé ». Cela nous rappelle d'ailleurs ce que nous avons entendu dimanche dernier : « Il y a des derniers qui seront premiers, et des premiers qui seront derniers ». Alors oui cette parabole peut devenir une exhortation à cultiver en nous la vertu d'humilité. Vertu absolument nécessaire pour celui ou celle qui veut devenir disciple de Jésus-Christ. Car l'orgueil, nous le savons, est bien le péché capital, et probablement le péché originel : « La condition de l'orgueilleux est sans remède, car la racine du mal est en lui ». Avec Jésus nous avons enfin un remède pour notre orgueil, nous avons les moyens de déraciner en nous cette racine, cette origine du mal. Comment ? Par un amour de plus en plus intense et vrai pour le Christ, doux et humble de cœur, et pour Marie, sa mère et notre mère, l'humble servante du Seigneur. *C'est dans la mesure où nous aimons vraiment Jésus et Marie que nous aurons le désir de les imiter*. Et que par conséquent nous laisserons grandir en nous la vertu d'humilité. Alors toutes ces affaires de première ou de dernière place nous paraîtront bien ridicules par rapport au trésor que nous aurons acquis, celui d'une âme humble et unifiée. L'humilité est en effet un trésor précieux car elle correspond à la vérité. L'humilité n'est pas l'humiliation même si parfois il nous faut passer par la croix de l'humiliation pour être libérés de notre orgueil. L'humilité c'est tout simplement la vérité, la vérité sur nous-mêmes et sur notre relation avec Dieu. C'est se souvenir que nous sommes des créatures dépendantes du Seigneur, des créatures mortelles. L'orgueil est un filet par lequel le tentateur nous attrape en nous mentant, en nous faisant croire que nous sommes des êtres absolument autonomes, des êtres immortels. Le chrétien qui progresse dans la véritable Sagesse, celle de Jésus-Christ, ne se laisse plus attraper par ces mensonges et ces illusions. Il n'est plus l'esclave de la convoitise si bien décrite par saint Jean : Tout ce qu'il y a dans le monde- les désirs égoïstes de la nature humaine, les désirs du regard, l'orgueil de la richesse -tout cela ne vient pas du Père, mais du monde. Or, le monde avec ses désirs est en train de disparaître. Mais celui qui fait la volonté de Dieu demeure pour toujours.

La dernière partie de notre Evangile sur l'invitation aux repas a un lien avec ce que nous venons de méditer. Jésus nous demande d'agir gratuitement et non pas par intérêt, pour obtenir en retour quelque chose. Comme nous l'avons remarqué, si nous nous contentons de prendre la dernière place dans un repas uniquement pour éviter que notre orgueil ne soit blessé, nous ne sommes pas dans l'humilité mais nous agissons bel et bien en vue de notre intérêt. En fait il y a une grande différence entre la sagesse humaine et celle de Jésus-Christ. La sagesse humaine nous recommande l'habileté, l'action calculatrice en vue de notre intérêt personnel. La sagesse divine nous demande d'être en vérité ce que nous sommes : des créatures aimées et rachetées par Jésus. Imiter Jésus c'est renoncer au calcul pour aimer gratuitement et joyeusement. C'est vouloir donner et se donner en acceptant l'abaissement que cela peut impliquer. Celui qui est humble est toujours heureux de sa place qu'elle soit la dernière ou la première. Il est parfaitement libre parce que purifié de la jalousie et de l'orgueil.

23ème dimanche du temps ordinaire

Luc 14, 25-33

2010

En cette période de rentrée scolaire et de reprise des activités habituelles pour beaucoup, la liturgie nous propose un Evangile particulièrement apte à nous réveiller du train-train quotidien... *Un Evangile radical adressé aux grandes foules qui faisaient route avec Jésus*, traduisons : adressé à tous les chrétiens. La question centrale de cet enseignement dérangeant est la suivante : être disciple du Seigneur ou ne pas l'être ! A deux reprises le Seigneur nous parle ainsi : vous ne pouvez pas être mes disciples si vous ne faites pas telle chose, si vous n'adoptez pas telle attitude... Réécoutons l'une après l'autre ces sentences « choc » : Si quelqu'un vient à moi sans me préférer à son père, sa mère, sa femme, ses enfants, ses frères et sœurs, et même à sa propre vie, il ne peut pas être mon disciple.
De même, celui d'entre vous qui ne renonce pas à tout ce qui lui appartient ne peut pas être mon disciple.
Il y a un lien entre ces deux exigences. La première nous demande de mettre l'amour du Christ au-dessus de l'amour pour notre famille et pour notre propre vie. La seconde nous demande de renoncer aux biens matériels. Les liens familiaux, notre vie, nos propriétés ou possessions ont en commun cette qualité d'être des « biens », donc des réalités positives dans notre existence humaine. Pour l'homme qui n'est pas spirituel ces biens sont les biens suprêmes. L'exigence de Jésus dans cet Evangile correspond au fait que seul Dieu est bon, que seul Dieu est le Bien suprême. Et si Jésus peut avoir de telles exigences à notre égard, c'est justement parce qu'il est la deuxième personne de la Sainte Trinité, il est Dieu lui-même.
Celui qui ne porte pas sa croix pour marcher derrière moi ne peut pas être mon disciple.

Ce qu'il nous demande est véritablement crucifiant, au-delà de nos perspectives humaines raisonnables, au-delà de nos forces et de notre bonne volonté. Pourquoi tant de radicalité dans son enseignement ? Pourquoi mettre la barre si haut pour ceux qui veulent devenir ses disciples ? N'est-ce pas décourageant ? Nous devons comprendre que le Seigneur désigne ainsi les obstacles qui se dressent sur notre chemin de sainteté. Les biens humains peuvent devenir des obstacles si nous les absolutisons, si nous oublions qu'ils sont éphémères, fragiles et relatifs, si nous prenons les moyens pour la fin. Cela n'est probablement pas par hasard que notre Evangile suit *la parabole des invités au banquet dans le Royaume de Dieu* : Un homme donnait un grand dîner, et il avait invité beaucoup de monde. A l'heure du dîner, il envoya son serviteur dire aux invités : 'Venez, maintenant le repas est prêt.' Mais tous se mirent à s'excuser de la même façon. Le premier lui dit : 'J'ai acheté un champ, et je suis obligé d'aller le voir ; je t'en prie, excuse-moi.' Un autre dit : 'J'ai acheté cinq paires de

bœufs, et je pars les essayer ; je t'en prie, excuse-moi.' Un troisième dit : 'Je viens de me marier, et, pour cette raison, je ne peux pas venir.'
Le lien semble en effet évident avec notre Evangile car dans cette parabole l'attachement à des biens matériels (un champ, des bœufs) ou à des biens familiaux (le mariage) constitue un obstacle dans la réponse positive que les invités doivent donner à Dieu.
Comme tout enseignement biblique nous devons le recevoir avec sérieux et dans son contexte, car Dieu ne peut pas se contredire. Préférer l'amour de Jésus à l'amour de sa famille ne signifie certainement pas abandonner ou mépriser ses proches. A la suite du commandement de Dieu qui nous demande d'honorer nos parents, saint Paul n'hésite pas à dire : Si quelqu'un ne s'occupe pas des siens, surtout des plus proches, il a déjà renié sa foi, il est pire qu'un incroyant.

Cela n'enlève rien au fait que *dans certaines circonstances crucifiantes* des enfants devront déplaire ou même faire de la peine à leurs parents pour être fidèles à la volonté de Dieu sur eux. Si Jésus m'appelle à lui consacrer ma vie en tant que prêtre ou religieux, et si mes parents s'opposent à cet appel, je dois préférer l'appel du Christ à l'avis de mes parents. C'est cela préférer Jésus à ses parents. Comme préférer Jésus à sa propre vie, c'est être prêt à aller jusqu'au martyre pour lui rester fidèle avec la grâce de Dieu. Dans ces choix extrêmes, héroïques, nous portons véritablement notre croix à la suite de Jésus.

La petite histoire de la tour à bâtir reprend quant à elle une sentence de l'Ecclésiaste : « Mener à bien une entreprise vaut mieux que la commencer : c'est la persévérance qui compte, et non la prétention ». Porter notre croix à la suite de Jésus ce n'est donc pas seulement poser des choix héroïques, c'est aussi et surtout persévérer dans notre amour de Dieu et du prochain à travers l'accomplissement fidèle et généreux de notre devoir d'état. Voilà un beau programme de rentrée pour tous ! Programme irréalisable si nous ne mettons pas la prière personnelle au cœur de nos journées, idéal utopique si nous ne faisons pas l'expérience personnelle de la présence aimante de Dieu dans nos vies.

24ème dimanche du temps ordinaire

Luc 15, 1-32

2010

Ce 24ème dimanche du temps ordinaire est vraiment *le dimanche de la miséricorde divine* même si nous fêtons cette miséricorde plus particulièrement le dimanche dans l'octave de Pâques. Toutes les lectures abordent cette réalité si importante dans la révélation que Dieu fait de lui-même tout au long de l'histoire du salut. Plutôt que de commenter la célèbre parabole de l'enfant prodigue, je voudrais méditer avec vous et pour vous l'ensemble des lectures. Non pas dans le détail mais en montrant la merveilleuse harmonie qui existe entre ces textes en même temps que l'évolution de la révélation biblique.

Les deux textes de l'Ancien Testament, notre première lecture et le psaume 50, nous montrent un Dieu prêt à pardonner. Même si, face au péché d'idolâtrie du peuple, le veau d'or, *Dieu se met en colère* et décide dans un premier temps d'exterminer le peuple. Ce peuple qu'il n'appelle plus *son* peuple mais le peuple de Moïse… Et c'est grâce à la prière de Moïse que « le Seigneur renonça au mal qu'il avait voulu faire à son peuple ». Notez comment au passage l'auteur biblique rappelle que ce peuple n'est pas seulement celui de Moïse mais bien le peuple de Dieu, et cela malgré son infidélité. Cette colère divine nous pose bien sûr question. Et c'est légitime puisque nous apprenons au catéchisme que la colère fait partie des sept péchés capitaux. C'est une étape dans la révélation, étape où l'on transpose facilement les catégories humaines sur Dieu. Ce qui existait aussi dans la mythologie grecque par exemple. Cette colère signifie tout simplement à quel point notre infidélité ne laisse pas Dieu indifférent. Et c'est un grand mystère pour nous que de le constater. Ce Dieu parfaitement heureux en lui-même est en quelque sorte touché par notre péché, blessé par notre ingratitude. Le psaume 50 confesse quant à lui l'amour et la grande miséricorde du Seigneur. Ce cœur de Dieu qui se met en colère, qui est blessé, c'est d'abord un cœur qui aime. C'est d'une manière incompréhensible pour la seule raison humaine que Dieu créateur aime chacune de ses créatures humaines d'une manière unique.

Les deux textes du Nouveau Testament (saint Paul et saint Luc) accomplissent véritablement ce qui a déjà été révélé au peuple d'Israël à propos de ce Dieu qui aime et qui pardonne. Cet accomplissement ne pouvait avoir lieu qu'avec le mystère de l'incarnation, qu'avec la présence visible parmi nous de la parole et de la sagesse de Dieu dans cet homme nommé Jésus de Nazareth. *L'apôtre Paul* a une vive conscience d'être l'un des premiers bénéficiaires de la miséricorde manifestée en Jésus à l'égard des pécheurs, révélation du cœur aimant de Dieu. En saint Paul, le persécuteur devenu apôtre par la seule grâce du Christ, nous retrouvons, me semble-t-il, les deux fils de la parabole. Avant d'être saisi par le Christ Ressuscité sur le chemin de Damas,

Saul ressemble étrangement au fils aîné de la parabole. Il est pharisien, strict observateur de la Loi, zélé voire fanatique, et il peut faire siennes les paroles du fils aîné : 'Il y a tant d'années que je suis à ton service sans avoir jamais désobéi à tes ordres, et jamais tu ne m'as donné un chevreau pour festoyer avec mes amis. Mais, quand ton fils que voilà est arrivé après avoir dépensé ton bien avec des filles, tu as fait tuer pour lui le veau gras !' Le pharisien Saul qui mettait toute sa fierté dans sa fidélité à la Loi de Dieu devait voir d'un très mauvais œil ces chrétiens, membres d'une petite secte juive, qui prétendaient que Dieu donne son salut gratuitement à tous. Il devait être jaloux et en colère, et son fanatisme religieux le poussa donc à les pourchasser et à les persécuter avec haine. *Saul connaissait par cœur la loi de Dieu, il l'appliquait scrupuleusement.* Mais connaissait-il le Dieu qu'il prétendait si bien servir ? Ne s'était-il pas au contraire renfermé sur lui-même à cause de ce sentiment d'orgueil religieux, de supériorité sur les autres, tous ceux qui ne savent pas ? En fait ce n'étaient pas les chrétiens qui étaient ignorants mais bien lui ! Le Christ m'a pardonné : ce que je faisais, c'était par ignorance, car je n'avais pas la foi ; la grâce de notre Seigneur a été encore plus forte, avec la foi et l'amour dans le Christ Jésus. Lorsque Paul a fait l'expérience de la puissance de la grâce divine, de la force de la miséricorde du cœur de Dieu, en rencontrant le Christ Vivant, il est devenu l'autre fils de la parabole. Pour la première fois de sa vie il s'est senti faible, pécheur, coupable, ayant absolument besoin de retourner vers Dieu son Père par Jésus le Sauveur. En lui la colère et la jalousie de ce fils du peuple élu se sont transformées en une immense gratitude envers le Dieu qui justifie les pécheurs. Désormais une certitude absolue s'imposait à son esprit : Le Christ Jésus est venu dans le monde pour sauver les pécheurs ; et moi le premier, je suis pécheur, mais si le Christ Jésus m'a pardonné, c'est pour que je sois le premier en qui toute sa générosité se manifesterait ; je devais être le premier exemple de ceux qui croiraient en lui pour la vie éternelle. Les 3 paraboles de la miséricorde divine nous enseignent cette réalité bouleversante : chaque fois que nous faisons un pas vers Dieu, que nous lui offrons un cœur brisé et broyé, chaque fois que nous acceptons de reconnaître en nous le fils prodigue, *nous faisons la joie de Dieu et des anges !* Parce que nous lui permettons d'être à notre égard ce qu'il est au plus profond de lui-même : Un Dieu Amour, saisi de pitié à notre vue, un Dieu miséricordieux, un Dieu qui part à notre recherche pour nous sauver !

25ème dimanche du temps ordinaire
Luc 16, 1-13
2004

Dimanche dernier nous avons médité le chapitre 15° de l'évangile selon saint Luc : la parabole de la miséricorde divine, la parabole de la joie divine. En ce dimanche nous poursuivons notre lecture de saint Luc avec la première partie du chapitre 16°. Ce chapitre est presque entièrement consacré au thème de l'argent, des richesses et des biens matériels.

L'histoire du gérant malhonnête a de quoi nous choquer au premier abord. Tout simplement parce que nous ne prenons pas le temps nécessaire pour bien la comprendre. « *Ce gérant trompeur, le maître fit son éloge : effectivement, il s'était montré habile.* » Ce que loue ici Jésus ce n'est pas le fait d'être malhonnête, mais bien le fait d'être habile, ce qui est très différent. La traduction de La Bible des peuples me semble sur ce point bien plus éclairante que la traduction liturgique : « *Le maître ne put qu'admirer cet intendant malhonnête, car il avait agi en homme sage.* » Bien plus que d'habileté il s'agit ici de sagesse. C'est la sagesse et elle seule qui nous livre la bonne clef pour interpréter correctement cette histoire. L'enseignement de ce dimanche a donc pour fine pointe la sagesse du chrétien dans son rapport avec l'argent.

Il est facile de faire des discours moralisateurs sur l'argent quand on en a assez pour vivre comme il faut. Faire l'éloge du détachement et de la pauvreté quand on a un compte en banque bien garni cela ne coûte pas grand chose… L'enseignement chrétien sur ce point doit bien se garder d'oublier les milliers de personnes qui en France et ailleurs vivent dans la précarité et la misère. Notre foi ne doit pas nous conduire à un irréalisme qui serait finalement du mépris pour les plus pauvres. La sagesse véritable est toujours réaliste, elle est un don du Seigneur pour vivre en chrétiens les réalités de ce monde. Et ici la sagesse du Christ nous donne deux points de repères précieux quant à notre rapport avec l'argent « *trompeur* ».

Tout d'abord être sage c'est connaître la véritable nature de l'argent. C'est à travers deux oppositions que Jésus nous invite à cette connaissance : D'un côté nous avons l'argent trompeur et les biens étrangers, de l'autre nous avons le bien véritable, celui qui est le notre. Qu'est-ce donc que l'argent ? Ce n'est pas le bien véritable, ce n'est pas notre propre bien, c'est un bien extérieur comme tous les biens matériels. Lorsque nous mettons notre confiance dans l'argent nous nous trompons lourdement et nous offensons Dieu, car l'argent est *trompeur*. Nous le savons bien et l'histoire nous le prouve il suffit d'une crise économique ou d'un krach boursier pour que tout soit remis en question du jour au lendemain. Ou bien plus prosaïquement de quelques voleurs talentueux… Dans l'Evangile le Bien véritable n'est-ce pas le Saint-Esprit, c'est-à-dire Dieu lui-même se donnant à nous et nous transformant de l'intérieur par sa divine charité ? Jésus essaie de nous faire comprendre qu'il n'y pas de richesse véritable en dehors de Dieu. Et que Dieu est notre richesse véritable parce que Lui seul nous permet de grandir en humanité et en sainteté. Et personne au monde ne peut nous voler notre foi, nous enlever le trésor de notre baptême ou bien encore faire disparaître la présence de Dieu en nous.

Etre sage c'est aussi bien utiliser l'argent que nous avons. C'est notre second point de repère. *« Faites-vous des amis avec l'argent trompeur, afin que, le jour où il ne sera plus là, ces amis vous accueillent dans les demeures éternelles. »* Que nous en ayons peu ou beaucoup l'argent peut être un moyen extraordinaire de sanctification dans la mesure où il est bien utilisé. Pour mieux le comprendre revenons un peu en arrière au chapitre 12° de saint Luc. Vous vous rappelez probablement cette parabole de l'homme riche qui agrandit ses greniers et se croit en sécurité à cause de ses grands biens. Et la parole que Dieu lui adresse : *« Tu es fou ! Cette nuit-même on va te réclamer ta vie, qui va recueillir ce que tu as préparé ? Cela vaut pour quiconque cherche à se faire des réserves, au lieu d'accumuler pour Dieu. »* Etre sage c'est comprendre que nous n'avons pas besoin d'argent dans notre tombe et que l'entrée au Paradis ne s'achète pas avec un compte en banque bien garni. Pour le chrétien il n'y a donc pas d'autre possibilité que le partage et la générosité. C'est là le seul investissement qui soit véritablement sage car il demeure pour la vie éternelle. En refusant l'égoïsme et l'accumulation des biens matériels nous montrons que nous vivons de la parole de saint Paul : *« L'amour ne passera pas... Pour l'instant, donc, ce qui vaut c'est la foi, l'espérance et l'amour. Mais le plus grand des trois est l'amour. »*

26ème dimanche du temps ordinaire

Luc 16, 19-31

2004

Dimanche dernier nous avons médité l'histoire du gérant malhonnête. Nous avons vu comment Jésus loue la sagesse de cet homme qui a su utiliser l'argent trompeur pour se faire des amis au ciel. En ce dimanche nous poursuivons et achevons notre lecture du chapitre 16ème de saint Luc avec l'histoire du riche et de Lazare. Nous constatons immédiatement qu'entre ces deux histoires il y a comme un fil conducteur : il s'agit bien de l'usage que nous faisons de nos biens et de notre destinée éternelle.
La parabole du riche et de Lazare est riche d'enseignements. Elle nous rappelle des vérités toutes simples mais que nous avons tendance à bien vite oublier lorsque nous vivons dans le confort et le bien-être matériels.

La première de ces vérités est celle de notre vocation à la béatitude éternelle. Notre vie ne se limite pas à l'existence d'ici-bas. En nous donnant l'être et la vie Dieu Créateur veut pour nous un bonheur infini, un bonheur éternel. Chacun de nous est créé à l'image de Dieu et selon sa ressemblance. Chacun de nous fait aussi l'expérience du péché. C'est pour cette raison que nous ne pouvons pas répondre à notre vocation sans accepter Jésus-Christ comme notre unique Sauveur. Les richesses peuvent nous installer dans une illusion dangereuse. Elles nous font croire que le Paradis est sur terre et que notre seul but ici-bas est de profiter au maximum des plaisirs de l'existence. Les richesses peuvent nous rendre semblables à ces hommes dont parle le prophète Amos, ceux « *qui se croient en sécurité* ». Nous nous croyons tellement en sécurité grâce à l'argent que nous n'avons pas besoin d'être sauvés. Nous sommes nos propres sauveurs et Jésus-Christ est de trop dans cette perspective...
Dans la parabole nous trouvons une autre vérité importante : celle de notre égalité devant la mort. Que nous soyons riches ou pauvres, illustres ou inconnus, tous nous devons passer de la même manière par la mort. « *Le pauvre mourut, et les anges l'emportèrent auprès d'Abraham. Le riche mourut aussi, et on l'enterra.* » Le riche a dû avoir droit à un bel enterrement alors que Lazare a dû être jeté à la fosse commune... Mais nous ne serons pas jugés par Dieu en fonction de la beauté de notre enterrement ! On raconte que Mozart, musicien génial et fervent croyant, fut jeté à la fosse commune de Vienne... Ici bas nous pouvons malheureusement constater à quel point l'injustice peut l'emporter !

Et cela m'amène à la troisième vérité de cette parabole : celle du renversement évangélique des valeurs et des jugements de ce monde . « *Tu as reçu le bonheur pendant ta vie, et Lazare, le malheur. Maintenant il trouve ici la consolation, et toi, c'est ton tour de souffrir.* » Pour bien comprendre ces paroles mises dans la bouche d'Abraham il faut nous reporter au chapitre 6ème de saint Luc et aux béatitudes : *« Heureux, vous les pauvres, parce que le Royaume de Dieu est à vous ! Mais, malheureux, vous les riches, car vous avez reçu votre consolation ! »* Au jour de notre mort il n'y aura plus que la justice divine. Ces paroles pourraient laisser penser à une sacralisation de la souffrance et de la pauvreté. Ce serait un grave contre-sens de les interpréter ainsi. Elles sont simplement une mise en garde. Les personnes qui souffrent ou qui sont démunies ne sont pas forcément meilleures ou plus vertueuses que les personnes riches et sans problèmes. Jésus veut souligner ici le pouvoir anesthésiant des richesses et du bien-être. Il est beaucoup plus facile d'oublier Dieu et l'humilité de notre condition humaine lorsque nous vivons en étant comblés par tous les biens matériels nécessaires et superflus. Le poison mortel pour toute vie spirituelle consiste justement à croire que notre cœur peut être comblé par les biens de ce monde. C'est en ce sens que les riches sont malheureux parce qu'ils se contentent d'une consolation toute terrestre, une consolation au rabais, et ferment leur cœur à la transcendance. L'enseignement de Jésus est finalement un écho de la sagesse que nous trouvons dans la bouche de Job, éprouvé par la vie : *« Nu je suis sorti du ventre de ma mère, nu aussi j'y retournerai. »*

Le riche de la parabole n'a pas été sage contrairement au gérant malhonnête. Il aurait pu faire le bien grâce à ses richesses, il aurait pu soulager les souffrances de Lazare. Mais il ne l'a pas fait. Et sa mort le scelle en quelque sorte dans l'enfer de son péché qui est un péché d'égoïsme et d'autosatisfaction. Pour lui c'est trop tard, plus aucune espérance possible en enfer ! Nous voilà bien avertis ! Que faisons-nous de nos biens spirituels et matériels ? Sommes-nous dans la logique de l'égoïsme ou bien du partage et de la générosité ? Si nous voulons aimer Dieu en vérité, nous devons aussi aimer notre prochain, particulièrement celui qui est le plus démuni, le plus abandonné… et l'aimer en actes, pas seulement en paroles.

27ème dimanche du temps ordinaire

Luc 17, 5-10

2010

L'Evangile de ce dimanche aborde deux réalités essentielles de notre vie chrétienne : la foi et les oeuvres, deux réalités qui vont de pair et sont donc inséparables.
La demande des apôtres au Seigneur, « Augmente en nous la foi », est riche d'enseignements sur cette réalité. Tout d'abord remarquons cette vive conscience qu'ont les apôtres de leur manque de foi. Oui, leur foi est faible et ils le reconnaissent avec humilité. Ils se tournent vers Celui qui est à l'origine de la foi : Jésus en tant que Fils de Dieu. Car la foi est d'abord un don de Dieu. Elle ne résulte pas seulement de notre désir de croire en Lui. Le plus important dans la demande des apôtres se trouve précisément dans le verbe « augmenter ». Cela nous rappelle que notre foi n'est pas une réalité figée mais au contraire une réalité dynamique. En effet du jour de notre baptême à celui de notre mort la foi vit en nous, elle nous fait vivre dans l'union avec Dieu. Si la foi est vivante, alors comment s'étonner qu'elle connaisse des hauts et des bas, des moments d'obscurité et de lumieres ? Nous devons tout faire pour accueillir en nous une foi toujours plus grande et intense, mais souvenons-nous que Dieu peut permettre pour notre progres spirituel des nuits de la foi, des moments où croire en Dieu n'est plus évident ni aisé. Le doute dans ce sens n'est pas le contraire de la foi, il ne la supprime pas. Il la met à l'epreuve et nous pouvons ressortir de cette epreuve avec une foi plus adulte et plus mature.

La réponse du Seigneur aux apôtres nous donne une autre caractéristique de la foi chrétienne : sa puissance. Nous sommes habitués a l'image de la foi qui déplace les montagnes, dans cet Evangile elle déplace les arbres ! Qu'est-que cela peut bien signifier ? La foi en nous unissant à Dieu nous fait participer à sa puissance. Dans la Genèse lorsque Dieu crée il lui suffit d'une parole pour que la vie surgisse. Par la foi nous participons à la puissance même de la Parole de Dieu capable de créer. Mettre notre foi en Dieu ne fait pas de nous des personnes amoindries, faibles et passives. Le dynamisme de la foi est au contraire cette force que Dieu nous donne pour être vainqueurs de toutes les forces de mort présentes en nous-mêmes et dans notre monde. Et comment parler de la puissance de la foi sans évoquer au passage la puissance de la prière ? Puissance qui dans les deux cas ne signifie pas efficacité dans le sens commun du terme. L'efficacité exige un résultat ou un rendement immédiat et visible. La puissance de la foi est réelle. Pour la percevoir nous devons être capables de lire les signes de Dieu dans notre vie et dans le monde. Et lorsque nous avons une vue d'ensemble nous pouvons dire : oui, ma foi en Dieu a été puissante, oui, ma prière a porté son fruit.
Si notre foi est vivante elle porte forcément des fruits, elle se manifeste dans notre agir, dans nos oeuvres. Et c'est l'objet de la deuxième partie de notre Evangile avec la parabole du serviteur et du maître. Comme toujours lisons cette parabole en lien avec

les Evangiles dans leur ensemble. La fine pointe de cet enseignement n'est pas dans une description du type de rapport que nous devons avoir avec Dieu (le maître de la parabole). Car si le chrétien est serviteur de son Dieu c'est dans un sens totalement nouveau. L'esprit que nous avons reçu n'est pas un esprit de peur mais bien un esprit de force, d'amour et de raison. Jésus nous l'a dit : nous ne sommes plus pour lui des serviteurs mais des amis. Notre relation chrétienne avec Dieu n'est pas celle de l'esclave avec son maître. Et dans la révélation du Nouveau Testament c'est Dieu lui-même qui se fait le serviteur de ses créatures comme le montre entre autre la scène du lavement des pieds. L'enseignement de cette parabole concerne donc le rapport que nous avons non pas avec Dieu mais avec nos oeuvres et nos actions. En nous demandant de nous considérer comme des serviteurs quelconques lorsque nous avons accompli notre devoir d'état et notre devoir de chrétiens, Jésus nous invite a l'humilité c'est-à-dire à la vérité. Le danger pour nous serait de tirer orgueil de nos bonnes actions, de nous glorifier de notre fidélité aux commandements du Seigneur en oubliant que tout est grâce et que notre puissance vient précisément de notre foi en lui.

Alors en ce dimanche qui est un peu l'équivalent d'une rentrée tardive pour notre communauté francophone de Copenhague soyons heureux d'être des hommes et des femmes de foi. Soyons dans la reconnaissance pour la puissance de notre foi manifestée à travers toute notre vie et toutes nos actions. Soyons certains que si nous sommes dociles au souffle de l'Esprit tout au long de cette année scolaire, Dieu fera par nous des merveilles d'amour dans notre coeur, dans nos familles, nos lieux de vie et notre communauté de Sakramentskirken.

28ème dimanche du temps ordinaire

Luc 17, 11-19

2010

L'Evangile de ce dimanche nous renvoie en partie à celui de dimanche dernier dans lequel Jésus mettait en avant la puissance de la foi dans notre vie : « Relève-toi et va, dit-il au lépreux purifié, ta foi t'a sauvé ». Cette consigne du Seigneur au lépreux après sa guerison nous montre non seulement la puissance de la foi mais aussi son dynamisme. Dans un acte d'adoration ce samaritain se prosterne aux pieds de Jésus. Le dynamisme de sa foi l'invite maintenant à se relever, geste qui annonce la résurrection, et à poursuivre sa route, à aller de l'avant. Jésus loue le fait que cet homme soit revenu sur ses pas pour rendre grâce, pour dire merci. Dans la foi il nous est bon de faire mémoire des bienfaits reçus, et l'eucharistie est en partie action de grâce pour les merveilles accomplies par Dieu dans notre histoire. Mais notre foi serait incomplète si elle ne se tournait que vers le passé. Ce lien très fort avec Dieu nous invite bien sûr à vivre le présent de manière intense, l'aujourd'hui de Dieu dans nos vies. Et l'eucharistie n'est pas seulement un mémorial dans le sens du passé, c'est un mémorial qui rend present aujourd'hui l'amour du Christ Ressuscité dans sa Parole et dans son Pain. Enfin nous le savons la célébration de la messe nous oriente aussi vers notre avenir et celui de notre humanité : « Nous attendons ta venue dans la gloire ». Relève-toi et va ! En célébrant l'eucharistie chaque dimanche et en communiant au Christ Vivant, si nous le pouvons, nous vivons notre foi comme une force capable de nous relever et de nous faire aller de l'avant. La foi est tout sauf une nostalgie du passé. Elle est, je le répéte, un dynamisme qui fait que l'on peut avoir un coeur jeune et un grand âge ou un âge avancé ! Notre foi est dans ce sens inséparable de l'espérance chrétienne, espérance fondée sur la fidélité de Dieu à ses promesses et à sa parole.

La fine pointe de cet Evangile est cependant ailleurs et elle est évidente. Sur dix lépreux purifiés un seul, un samaritain, donc un étranger pour le Juif de Judée, revient sur ses pas pour glorifier Dieu et remercier Jésus. Cette page de saint Luc nous parle donc d'une attitude extrêmement importante pour tout chrétien. Une attitude que l'on peut nommer reconnaissance, gratitude, action de grâce, merci etc. C'est l'occasion de rappeler que le mot eucharistie signifie tout simplement action de grâce, donc attitude profonde de reconnaissance et de gratitude pour Dieu notre Père, par Jésus le Fils dans l'Esprit. Pour savoir dire merci à Dieu dans la prière et pas seulement lors de la messe du dimanche il faut déjà être capable de cette attitude au niveau simplement humain. Or de plus en plus de personnes dans nos sociétés occidentales vivent comme si tout leur était dû. Dire merci va bien au-delà de la simple politesse. C'est la traduction concrète d'une philosophie de vie selon laquelle je ne suis pas le centre du monde, une philosophie de la vie comme dépendance des autres, relation avec les autres. Dans l'éducation des enfants et des jeunes, il est essentiel de leur apprendre cette très belle attitude de la gratitude, expression privilégiée de la charité. S'il n'y a pas ce fondement humain tout simple comment vivre notre relation avec Dieu ? Ne croyons pas pouvoir transmettre aux enfants et aux jeunes l'Evangile du Christ sans en même temps leur apprendre les valeurs fondamentales de la vie humaine en communauté. Paul VI disait avec raison qu'un homme incapable d'apprécier à leur juste valeur les joies que la vie humaine lui donne sera a fortiori incapable de vivre de la joie chretienne et spirituelle. L'attitude du samaritain guéri est certes une attitude de croyant qui se sent poussé à dire de tout son coeur « merci » à Jésus. Mais elle est aussi une qualité humaine du coeur. Les neuf autres lépreux étaient certainement croyants eux-aussi, mais ils ne sont pas revenus pour dire leur joie d'être guéris. Eux ont été simplement guéris alors que le samaritain a aussi été sauvé. Très belle leçon de vie pour chacun d'entre nous, invitation a ouvrir les yeux et surtout le coeur pour percevoir dans la foi tout ce que nous recevons de Dieu et des autres depuis notre venue en ce monde. Reconnaître notre dépendance envers Dieu et envers nos frères ne nous rend pas moins humains, bien au contraire cette humilité nous humanise, en nous faisant grandir dans l'amour elle nous sauve. Alors réapprenons cette belle qualité du coeur, la gratitude, et la joie de Dieu nous comblera de plus en plus.

29ème dimanche du temps ordinaire

Luc 18, 1-8

2010

Après nous avoir entretenus de la foi et de la gratitude, le Seigneur Jésus nous invite en ce dimanche à une réflexion sur la prière. Et cela à l'aide de la petite histoire du juge et de la veuve. Parabole tellement claire qu'elle se passe de commentaires. Si Jésus nous raconte cette parabole semblable à une autre dans le même Evangile (celle de l'homme couché dérangé par son ami venu lui demander du pain), c'est dans un but bien précis : « pour nous montrer qu'il faut toujours prier sans se décourager ». Cet Evangile n'est donc pas un enseignement général sur la prière et cela pour deux raisons. La première, évidente, c'est qu'il nous parle de l'une des caractéristiques de la prière chrétienne : elle ne se décourage jamais, donc elle est persévérante. La seconde, c'est qu'il s'agit ici de l'une des formes de la prière chrétienne : la prière de demande. En effet la veuve demande au juge de lui faire justice. Et nous verrons enfin le lien de cet enseignement avec la réalité de la foi. Prière et foi étant bien sûr inséparables.

Pourquoi donc Jésus insiste-t-il tant sur cette qualité que doit avoir notre prière, la persévérance ? Parce qu'il nous connaît mieux que nous-mêmes ne pouvons-nous connaître. Il sait qu'à cause du péché mais aussi parce que nous sommes des êtres incarnés, corps, esprit et âme, nous pouvons très vite nous décourager dans notre vie spirituelle. Dieu peut sembler à certains moments tellement lointain ou absent... Jésus sait aussi que quand nous demandons quelque chose à Dieu dans la prière et que nous ne l'obtenons pas immédiatement, nous abandonnons facilement. Nous pratiquons la prière de demande dans un esprit de rentabilité. Et s'il nous semble que nous ne sommes pas exaucés nous passons à autre chose. C'est contre cette tentation que le Seigneur veut nous mettre en garde. Permettez-moi de traduire d'une manière triviale le message de la parabole : il faut casser les pieds au Bon Dieu à la manière de cette pauvre veuve ! Partons de nos expériences humaines les plus simples pour comprendre à quel point notre faiblesse nous expose à baisser les bras dans le combat de la prière. Ceux parmi vous qui ont ou ont eu de jeunes adolescents et vous les jeunes vous savez par expérience combien il est difficile de persévérer dans un choix. Un tel veut jouer du piano, un autre veut se mettre au tennis, un autre enfin veut créer un groupe de musique avec ses amis etc. Combien ont commencé plein d'enthousiasme pour au final abandonner au bout de six mois ou d'un an ? Je reprends l'exemple de l'apprentissage du piano. Au début cela demande beaucoup de travail et de patience pour très peu de résultats. Au début on se fait très peu plaisir à répéter des exercices et des gammes... Ce n'est que la persévérance qui apporte la joie de bien jouer ! Bien sûr la prière est d'un autre ordre, surnaturel, et tout ne dépend pas de nous dans cet ordre. Car prier est d'abord une grâce de Dieu, un don de son amour, puisque nous ne pouvons pas prier sans la foi et la charité. Il n'en reste pas moins vrai que pour la part qui est la nôtre, celle de notre liberté, la comparaison avec la persévérance dans l'apprentissage du piano nous instruit. Je pense en effet que plus nous prions, plus nous sommes fidèles à la prière, plus la prière devient aise et facile. La persévérance dans la prière nous permet de goûter, si Dieu le veut, son amour, sa présence d'une manière plus intense et plus forte. Quand je dis qu'il faut donc casser les pieds au Bon Dieu, cela doit être compris dans le contexte de notre Evangile. La prière de demande n'a rien à voir avec les caprices des enfants qui exaspèrent leurs parents tant qu'ils n'ont pas obtenu ce qu'ils voulaient. La parabole nous parle d'une veuve, donc d'une femme pauvre. Voilà la première condition pour une bonne prière de demande : se tenir comme un pauvre en présence de Dieu. C'est cette humilité qui nous permet de dire en vérité : Que ta volonté soit faite ! Si dans notre prière de demande persévérante nous mettons de côté cette demande du « Notre Père » alors nous ne sommes plus dans la prière chrétienne. Enfin l'autre condition pour une bonne prière de demande, c'est Jésus lui-même qui nous la donne avec la fin de cet Evangile : « Le Fils de l'homme, quand il viendra, trouvera-t-il la foi sur la terre ? » Cette interrogation angoissée nous interpelle. Alors nous savons comment demander dans la prière. Il est évident que nous n'avons pas le droit de demander des choses mauvaises mais seulement ce qui nous semble bon pour nous-mêmes et pour les autres. Nous le faisons avec humilité, foi et persévérance. Car aucune prière n'est perdue. Enfin souvenons-nous que le miracle de la prière de demande se trouve parfois ailleurs que dans son exaucement. Car toute prière nous transforme et nous rend meilleurs. Je terminerai par un exemple illustrant cela. Si je prie pour la conversion de mon ennemi, de celui qui me fait du mal, peut-être que lui ne changera pas. Cela ne signifie pas que je ne suis pas exaucé. Car il se peut qu'à travers cette prière persévérante Dieu augmente ma force et ma patience pour aimer malgré tout cette personne antipathique ou qui me veut du mal.

30ème dimanche du temps ordinaire

Luc 18, 9-14

2010

Après la parabole de la veuve et du juge, Jésus nous enseigne à nouveau en ce dimanche par une parabole, celle du pharisien et du publicain. Et comme dimanche dernier saint Luc nous donne le but de cet enseignement en nous désignant à qui il s'adresse en particulier : « pour certains hommes qui sont convaincus d'être des justes et qui méprisent tous les autres ». Le Seigneur veut ici nous mettre en garde contre une tentation qui peut concerner les hommes pieux et religieux, donc chacun de nous dans la mesure où nous avons le désir de vivre notre foi chretienne de manière fervente : celle de l'orgueil spirituel. Dans la savoureuse mise en scène de la parabole, tous les détails sont importants et nous permettent ainsi de mieux connaître la nature de cette tentation. Relisons ensemble cette mise en scène avec d'un côté le pharisien et de l'autre le publicain. Pour les deux personnages qui nous sont présentés en contraste, le contexte est le même. Tous les deux montent en effet au Temple pour y prier. La prière du pharisien est intérieure, ce que nous nommerions aujourd'hui l'oraison mentale. C'est aussi une prière d'action de grâces, de remerciement, donc une prière qui commence très bien : « Mon Dieu, je te rends grâce... ». Combien il est important dans notre vie spirituelle de ne pas nous limiter à la prière de demande mais de donner aussi une place de plus en plus importante à la prière de remerciement, de louange et d'adoration silencieuse ! Mais voilà que la prière de cet homme qui commençait si bien va dériver et se terminer très mal... Là où ça dérape c'est dans le motif de son action de grâce : « parce que je ne suis pas comme les autres hommes... ou encore comme ce publicain ».

Ce pharisien est le parfait exemple de l'orgueil spirituel et cela pour deux raisons. Tout d'abord de par son sentiment de supériorité spirituelle sur les autres, sentiment qui s'accompagne inévitablement d'un jugement impitoyable sur les autres qui sont tous mauvais... Nous connaissons peut-être des personnes qui pour se prouver à elles-memes qu'elles sont dans le bon et droit chemin éprouvent le besoin de rabaisser les autres et de les condamner. Dans cette prière qui n'en a plus que l'apparence, le pharisien ne cherche pas à entrer en relation avec Dieu. De fait il se regarde lui-même, se contemple, se considère si bon qu'il frole l'idolâtrie. Est-ce vraiment Dieu qu'il adore ? N'est-ce pas plutot sa propre perfection morale et spirituelle ? La deuxième cause de son orgueil spirituel se trouve dans l'étalage qu'il fait de sa fidélité aux détails de la Loi de Moise. Cet homme n'a pas besoin de Dieu pour être justifié et sanctifié. Il se justifie lui-même à travers ses oeuvres. Non seulement ce n'est plus Dieu qu'il adore mais lui-même, mais en plus il enlève à Dieu sa prérogative de juge des coeurs. Seul Dieu nous connaît vraiment, bien mieux que nous-mêmes ne pouvons nous connaître. Car seul Dieu lit dans les coeurs et pénètre au tréfonds de nos intentions les plus secrètes. C'est grâce à la connaissance parfaite qu'il a de notre coeur et des motivations de nos actions et de nos paroles que Dieu est le seul juge, celui qui ne peut jamais se tromper. C'est aussi pour cela que Jésus nous interdit de juger notre prochain et de le condamner. La deuxieme lecture nous montre comment saint Paul, le pharisien converti, a vaincu cette tentation de celui qui se justifie lui-même en présence de Dieu. Dans ce passage de sa lettre à Timothée, l'apôtre affirme sa fidélité à Dieu, il a persévéré dans le droit chemin. Il a tenu bon jusqu'au bout, et c'est jusqu'au bout qu'il a annonce l'Evangile aux paiens. Mais il y a une grande différence avec le pharisien de notre parabole. Paul ne tombe pas dans le péché d'orgueil, il sait, et il le dit, que sa force, donc sa fidélité à sa mission, vient de Dieu : « Le Seigneur m'a assisté, il m'a rempli de force ». Paul ne tire pas sa justice de lui-même ou de ses bonnes actions, car il sait que sans la grâce de Dieu il serait encore prisonnier de l'ignorance et du péché. La prière du publicain, dans notre parabole, est une prière de supplication : « Mon Dieu, prends pitié du pêcheur que je suis ! » Nos deux personnages incarnent donc deux attitudes opposées : l'orgueil et l'humilite. Rien ne nous éloigne davantage de Dieu que l'orgueil spirituel qui est le péché de Satan, et rien ne nous unit davantage à Dieu que l'humilité. L'humilité, l'une des plus grandes vertus chretiennes, n'est pas l'humiliation ou encore le masochisme de celui qui ne veut voir en lui que les faiblesses, les défauts et le mal en répétant à longueur de journée : je suis nul, je ne vaux rien etc. L'humilité c'est porter un regard réaliste sur ce que nous sommes et reconnaître en effet la part d'ombre qui est en nous. Blaise Pascal dans ses Pensées a très bien perçu la valeur indispensable de l'humilité comme vérité dans notre vie chretienne. Oui, la vérité de notre être c'est que nous ne sommes ni ange ni bête. Nous sommes des créatures humaines. Et il nous faut savoir garder l'équilibre de la vérité lorsque nous nous présentons devant le Seigneur dans la prière. Nous ne nous présentons pas comme des saints ni comme des êtres qui ne seraient que péché. Nous nous présentons tels que nous sommes : comme des pécheurs pardonnés et justifiés, en marche vers la sainteté. Pascal conseille au chrétien, à la suite de l'Evangile, d'éviter les deux tentations opposés : l'orgueil d'un côté, le désespoir de l'autre. A nous de cultiver la simple et joyeuse humilité chrétienne en sachant accepter les humiliations mais surtout en choisissant de nous abaisser en présence du Seigneur et des autres.

31ème dimanche du temps ordinaire

Luc 19, 1-10

2010

Saint Luc nous rapporte dans cette page d'Evangile la rencontre entre Zachée et Jésus. Avec une mise en scène pleine de détails et d'une originalité rare. Pour mieux entrer dans cette scène je vais tenter une comparaison, une actualisation avec les limites que comporte bien sûr ce genre d'exercice...

Pour cela vous devez imaginer que vous êtes une personne riche avec un rang important dans la société. Vous êtes aussi passionné par le cinéma et vos acteurs préférés se nomment Leonardo di Caprio, Nicole Kidman ou encore Matt Damon. Bref des célébrités dont tout le monde a entendu parler. Et voilà que vous décidez de vous rendre au festival de Cannes. Vous attendez sur la croisette le passage de votre star préférée, mais la foule vous comprime, vous n'êtes pas au premier rang et votre rêve serait de voir ne serait-ce que le visage de Leonardo ou de Nicole... avant qu'ils n'entrent dans le palais des festivals. Et voilà que vous vient à l'esprit une idée folle : vous êtes dans vos plus beaux atours et vous vous mettez à grimper sur un palmier pour être bien sûr de ne rien rater du passage des stars ! Tout le monde se moque de vous, on vous prend pour un fou et la police ne va pas tarder à venir vous arrêter, mais peu importe, votre désir est tellement fort que vous en oubliez les convenances humaines. Et voici que Leonardo di Caprio passant au pied de votre palmier vous repère, s'arrête et vous invite à venir le rejoindre ! Quelle joie pour vous !

Voilà toutes proportions gardées la situation qu'a dû vivre notre Zachée perché sur son sycomore à Jéricho. Jésus était un peu une star dont tout le monde parlait surtout à cause de ses nombreux miracles. Mais il avait aussi de farouches opposants. Avant même que Jésus n'entre à Jéricho la nouvelle s'était répandue parmi la population et la foule ne cessait de grandir dans la rue centrale pour voir celui dont on parlait tant. Pour certains c'était un divertissement dans la grisaille du quotidien, d'autres étaient simplement curieux et puis, comme toujours, il y avait les admirateurs et les opposants. Le riche Zachée, le chef des publicains, cherchait à voir qui était Jésus. Son désir allait au-delà de la simple curiosité. La formule de Luc nous le révèle. Il ne dit pas : Zachée cherchait à voir Jésus mais bien « qui était Jésus ». Ce petit homme avait pressenti un mystère derrière ce Jésus de Nazareth. Et pour tenter d'y voir plus clair le voilà qui se ridiculise aux yeux de tous en grimpant sur un arbre ! En montant sur cet arbre Zachée s'abaisse en fait aux yeux de tous, il joue sa réputation de notable, haï peut-être, mais riche et craint dans la ville. La folie de ce chef des collecteurs d'impôts va susciter une rencontre inoubliable, une rencontre qui le marquera pour toute sa vie. Celui qui voulait voir Jésus est vu par Jésus. Oui, le Seigneur s'arrête au pied de son arbre et lui demande de descendre vite. Le Seigneur s'invite chez lui ! Nous comprenons alors que c'est Jésus qui cherchait Zachée bien plus que Zachée ne le cherchait... Car le Fils de l'homme est venu chercher et sauver ce qui était perdu. Et le premier effet de cette rencontre avec le Seigneur c'est une joie immense qui envahit le cœur de Zachée. Avoir chez soi Jésus de Nazareth c'est bien sûr infiniment plus que rencontrer une star du cinéma ou une célébrité quelconque. La joie est toujours le signe de la présence de Dieu, le fruit de l'Esprit Saint. Toute la suite du récit nous montre comment à partir de cette rencontre avec le Seigneur Zachée va se transformer, se convertir et finalement accueillir le salut de Dieu manifesté en son Fils bien-aimé. Le signe que Zachée se convertit ce n'est pas seulement la joie qui l'habite mais sa générosité, son sens du partage. Il n'est plus un riche égoïste et parfois malhonnête. Il va largement partager ses biens et réparer les fautes qu'ils auraient pu commettre dans l'exercice de son métier. Oui, il est vraiment transformé et c'est désormais un homme nouveau.

Je ne retiendrai pour nous qu'un enseignement de cette magnifique page évangélique. Si nous voulons vraiment connaître la personne de Jésus, nous devons absolument faire l'expérience de la rencontre et de la communion avec lui car il est Vivant aujourd'hui comme il y a 2000 ans dans les rues de Jéricho. Si notre raison et notre intelligence ont leur place dans la vie de foi, c'est surtout par l'amour que nous grandissons dans la connaissance de Dieu. Et le moyen privilégié que nous avons de grandir dans l'amour de Dieu c'est bien la prière personnelle et la fréquentation des sacrements, en particulier l'eucharistie et le sacrement du pardon. Notre sycomore ou notre palmier à nous ce sont ces moments que nous réservons à la rencontre avec Jésus dans la prière communautaire et personnelle. C'est par notre fidélité à la vie de prière que peu à peu nous nous transformons sous l'influence de l'Esprit et que nous devenons capables de nous dépasser dans bien des domaines. Sans cette vie de prière personnelle, sans cette spiritualité de chaque jour, notre foi risque fort de s'atrophier. Il nous restera un vernis religieux, mais Dieu deviendra pour nous une idée abstraite ou pire une idéologie. Nous serons des hommes religieux, fidèles à des rites, mais nous aurons perdu le contact réel avec le Dieu vivant. Que l'exemple de Zachée relance au plus profond de notre cœur le désir de Dieu, le désir de le rencontrer dans la communion de son amour !

Toussaint 2010

Matthieu 5, 1-12

Chaque année la fête de la Toussaint nous rappelle le but de notre vie chrétienne : la sainteté. Au jour de notre baptême nous avons été sanctifiés par la puissance de l'amour du Christ pour nous. Nous sommes véritablement devenus des saints, des temples de la Sainte Trinité. Baptisés au nom du Père, du Fils et du Saint-Esprit, confirmés dans le même Esprit, nous sommes déjà saints parce que nous portons le beau nom de chrétiens, parce que nous sommes les membres du Corps du Christ. Mais notre expérience nous rappelle aussi chaque jour à quel point nous avons du mal à demeurer fidèles à la grâce de notre baptême, à cette vie divine qui nous habite au plus profond de notre être. C'est l'expérience de notre péché et de notre faiblesse, d'où l'importance du sacrement du pardon qui chaque fois nous remet dans la grâce de notre baptême en nous redonnant un vêtement tout blanc pour reprendre l'image de l'Apocalypse ou encore un cœur pur. C'est ainsi que la sainteté est en même temps ce qui nous caractérise et ce que nous avons à devenir, notre vocation à tous. Le Concile Vatican II a enseigné que tous les chrétiens étaient appelés à la sainteté. Et cette vocation à la sainteté est un appel au vrai bonheur de l'homme. Car nous ne pouvons pas vivre ce bonheur en nous contentant des seules joies terrestres et matérielles. Elles sont importantes et nous n'avons pas à les mépriser, seulement à les mettre à leur juste place pour qu'elles n'étouffent pas en nous le désir de Dieu. Notre vrai bonheur ne concerne pas seulement notre corps, notre sensualité, notre intelligence et notre raison, mais aussi notre cœur et notre âme. Il exige donc l'expérience de l'amour véritable et l'expérience de l'absolu, de Dieu lui-même.
Avant d'aller plus loin dans notre réflexion, regardons comment les textes de cette liturgie caractérisent les chrétiens que nous sommes :
- Serviteurs de Dieu dans l'Apocalypse
- Membres du peuple qui cherche Dieu dans le psaume
- Enfants de Dieu dans la deuxième lecture
- Appelés au bonheur dans l'Evangile

Quelle richesse ! Je ne retiendrai ici que l'expression du psaume. Elle nous donne deux moyens de progresser vers la sainteté. Tout d'abord nous sommes les membres du peuple de Dieu, du Corps du Christ, nous sommes l'Eglise. Ce qui signifie que l'on ne devient pas saint tout seul, isolé dans son coin. Nous avons besoin les uns des autres pour grandir dans la sainteté et pour nous encourager sur ce chemin à la fois magnifique et difficile. La sainteté est toujours un don de l'amour de Dieu et ce don il nous le fait à travers notre appartenance à l'Eglise. L'expression du psaume nous rappelle aussi que nous sommes un peuple en marche, orienté vers notre avenir en Dieu. L'Eglise n'a pas d'autre but que d'aider chacun de ses membres à vivre dans l'amitié avec Dieu. L'Eglise doit sans cesse nous redire que nous avons à rechercher Dieu dans nos vies. Un saint n'est pas celui qui dit : j'ai trouvé Dieu et j'attends maintenant la mort pour parvenir à la béatitude éternelle. Le saint, c'est celui qui a conscience que jusqu'à son dernier souffle il devra chercher Dieu. Oui, Dieu s'est révélé à nous comme un Père en nous envoyant son Fils Jésus et en nous donnant l'Esprit de sainteté. Mais Dieu demeure toujours un mystère, c'est-à-dire une réalité inépuisable. Et c'est pour cela qu'en tant que croyants nous devons toujours le chercher, toujours revenir à Lui par le désir de l'amour.

Signalons enfin un danger pour nous tous, en fait une fausse représentation de la sainteté. Pour certains la sainteté chrétienne consisterait en une vie honnête, faite de mesure et de perfection morale. C'est ce type de vie que menait Paul le pharisien avant sa rencontre avec le Christ Vivant sur le chemin de Damas. Nous ne pouvons pas comprendre la sainteté chrétienne sans nous référer aux propos de Paul qui parle de la folie de la croix, donc de la folie de l'amour de Dieu à notre égard. Nous ne sommes plus dans cet idéal grec et classique de mesure mais au contraire dans l'excès. La sainteté, nous le voyons, va bien au-delà d'une vie morale honnête. Elle nous met en contact avec le Dieu vivant et vrai, le Trois fois Saint, elle nous fait entrer dans la vie divine de la Trinité, communier à cet échange de vie et d'amour en Dieu même. La sainteté ne nous met pas d'abord en relation avec une Loi ou des commandements mais en relation avec le mystère même de Dieu. Elle n'est donc pas d'abord une affaire de morale, mais une affaire d'amour et de recherche spirituelle. Nous avons peur de la sainteté parce que l'idée de perfection morale nous semble inaccessible, utopique au fond. Mais si nous attendons de vivre une morale parfaite pour nous mettre en chemin, alors oui nous en resterons là où nous sommes. C'est pas à pas, humblement, que nous avons à nous lancer dans cette grande marche de la sainteté à la suite de tous les saints et de toutes les saintes de l'histoire de notre humanité. Ne restons pas au bord du chemin en nous disant : ce n'est pas fait pour nous ! C'est progressivement, choix après choix, jour après jour, qu'avec la grâce du Christ, nous avancerons sur ce chemin. Les neuf béatitudes balisent notre route. Et ces balises nous rappellent qu'il est impossible de séparer notre recherche de Dieu de l'amour du prochain : « Heureux ceux qui ont faim et soif de la justice : ils seront rassasiés ! » En résumé nous avons repéré trois moyens parmi tant d'autres de progresser dans la sainteté : parcourir ce chemin avec d'autres dans l'Eglise, rechercher sans cesse le vrai visage de Dieu et agir de manière concrète au service de la justice parmi les hommes.

32ème dimanche du temps ordinaire

Luc 20, 27-38

2007

La discussion byzantine que les Sadducéens ont avec Jésus dans l'Evangile de ce dimanche est pour nous l'occasion de méditer un article fondamental de notre foi chrétienne : « J'attends la résurrection des morts » ou bien dans le symbole des apôtres : « Je crois à la résurrection de la chair ».
Cette discussion qui nous semble ridicule ne peut se comprendre que si nous la replaçons dans le contexte religieux du judaïsme à l'époque de Jésus. En effet les Juifs étaient divisés entre eux quant à la résurrection des morts. Les Pharisiens y croyaient alors que les Sadducéens rejetaient cette croyance. Dans l'Ancien testament il y a comme une progression vers cette foi en la vie éternelle. Les textes les plus anciens n'y font pas allusion de manière claire alors que les plus récents, ceux qui ont été écrits peu de temps avant la venue du Christ, témoignent de la foi en la vie éternelle. Et ce sont justement ces écrits récents que les Sadducéens refusent de reconnaître...

La réponse de notre Seigneur se présente en deux parties. *Dans la première partie,* il semblerait que Jésus remette en question la valeur du mariage : « Les enfants de ce monde se marient. Mais ceux qui ont été jugés dignes d'avoir part au monde à venir et à la résurrection d'entre les morts ne se marient pas, car ils ne peuvent plus mourir. » Avant d'aborder le problème du statut du mariage dans cette affirmation, relevons tout d'abord un fait intéressant. Le mariage est perçu comme une institution permettant, par le moyen de la procréation, une certaine continuité entre les générations. Les parents survivent en quelque sorte dans leurs enfants. S'il n'y pas de vie éternelle personnelle, cela peut correspondre à une consolation de savoir qu'après le néant de la mort, nos enfants nous survivront. Ce serait donc un désir d'immortalité qui pousserait les parents à donner naissance à des enfants. Dans sa réponse, le Seigneur semble dire que les élus, ceux qui sont appelés à la résurrection, ne se marient pas. Ce qui ruinerait bien sûr le sacrement de mariage et qui obligerait tous les chrétiens au célibat en vue du Royaume des Cieux. Il est toujours intéressant lorsque nous rencontrons un problème d'interprétation d'un texte biblique d'aller voir les passages parallèles. Ce faisant nous remarquerons que *seul Luc emploie cette formule ambiguë.* Je me contenterai de citer ici *la version de Matthieu* : « Vous êtes dans l'erreur, vous ne connaissez pas les Ecritures et pas davantage la puissance de Dieu. A la résurrection[21] on ne prend plus de femme ou de mari : tous sont comme des anges de Dieu dans le ciel. » Le Seigneur Jésus n'interdit donc pas le mariage, mais il le relativise. Le mariage est une réalité valable pour la vie humaine ici-bas. Donc une réalité transitoire qui disparaitra au moment de notre entrée dans la vie

---
21 Matthieu 22, 29.30

éternelle et au jour de notre résurrection. Les Mormons sont ainsi dans l'erreur lorsqu'ils parlent du mariage comme d'une réalité éternelle. La réponse de Jésus nous permet de comprendre ce que veut dire saint Paul lorsqu'il écrit aux Corinthiens : « Ceux qui ont pris femme doivent vivre comme s'ils n'en avaient pas. [...] Car les situations de ce monde sont en train de passer.[22] » Rien ici-bas n'est éternel, pas plus le mariage qu'autre chose. Le même Paul nous apprend que seule la charité subsistera dans la vie de gloire avec le Seigneur. L'erreur des Sadducéens consiste à avoir transposé une loi de Moïse, celle du lévirat, faite pour la vie humaine ici-bas, dans la vie éternelle. Ce débat nous permet aussi de mieux comprendre *le sens du célibat ecclésiastique ainsi que de la vie religieuse consacrée*. Si les moines, les moniales et les prêtres ne se marient pas, c'est justement pour témoigner de manière concrète de la foi de l'Eglise en la résurrection des morts. Leur célibat consacré est un signe qui anticipe la vie du Royaume des Cieux dans laquelle nous serons semblables aux anges.

La deuxième partie de la réponse du Seigneur se réfère à un passage du livre de l'Exode, livre reconnu par les Sadducéens : « Quant à dire que les morts doivent ressusciter, Moïse lui-même le fait comprendre dans le récit du buisson ardent, quand il appelle le Seigneur : le Dieu d'Abraham, le Dieu d'Isaac, le Dieu de Jacob. Il n'est pas le Dieu des morts mais des vivants ; tous vivent en effet pour lui. » Jésus qui s'est présenté à Marthe *comme la résurrection et la vie*[23] fait ici une magnifique interprétation du récit du buisson ardent. Il nous montre que *de manière implicite* l'Ecriture affirme la vie éternelle. C'est une question de logique. Si Dieu, le Vivant, se présente à Moïse, comme le Dieu d'Abraham, d'Isaac et de Jacob, cela signifie que ces derniers ne sont pas seulement des personnages illustres du passé, mais qu'ils sont des vivants en Dieu. L'amour de notre Dieu est fidèle, il est plus puissant que notre mort même. Ne cherchons donc pas à survivre dans nos enfants, cherchons plutôt à vivre pour Dieu notre Père. C'est ainsi que nous serons jugés dignes d'avoir part à la résurrection d'entre les morts.

---

22 1 Corinthiens 7, 29.31

23 Jean 11, 25

33ème dimanche du temps ordinaire

Luc 21, 5-19

2007

Dimanche prochain le cycle de notre année liturgique s'achèvera avec la solennité du Christ Roi de l'univers. En cette fin d'année liturgique, l'Eglise nous fait entendre en saint Luc un passage du discours eschatologique de Jésus : discours sur la fin des temps, sur les fins dernières. Cette fin des temps qui correspondra à la parousie, c'est-à-dire au retour du Christ dans la gloire. Dimanche dernier nous avons déjà médité sur la résurrection des morts. Aujourd'hui nous méditons sur la vie du monde à venir.

L'enseignement de notre Seigneur part d'*une situation presque banale* : les disciples admirent la beauté du Temple de Jérusalem, ce Temple qui avait été détruit à deux reprises puis reconstruit une troisième fois par Hérode... Et voilà que Jésus ose affirmer : « Ce que vous contemplez, des jours viendront où il n'en restera pas pierre sur pierre : tout sera détruit. » Pour les Juifs ce Temple était le lieu sacré par excellence et contrairement à nos églises il était unique : un seul Temple à Jérusalem. Imaginez un instant qu'un prophète se mette sur la place saint Pierre de Rome et ose prédire la destruction du sanctuaire le plus vénérable de toute la chrétienté... Imaginez-vous un seul instant la basilique saint Pierre réduite en un tas de cendres et de ruines ? Ce que Jésus annonce ici se réalisera en 70 par la main des troupes romaines de Titus. Cet enseignement de Jésus nous rappelle une évidence que nous avons tendance à oublier : rien ici-bas n'est éternel, tout aura une fin, même les institutions qui semblent les plus fortes, même les monuments les plus sacrés et les plus beaux. Saint Paul le dit clairement aux Corinthiens : « Elle passe, la figure de ce monde.[24] » C'est pour cette raison que nous devons vivre dans ce monde avec un esprit de liberté et de détachement. Les grandeurs humaines auront leur fin. Et notre seule grandeur véritable consiste à essayer de vivre dès ici-bas en fils de Dieu.

La suite de cet Evangile ne ressemble guère, apparemment, à une Bonne Nouvelle ! Jésus annonce un grand bouleversement historique et cosmique avec l'apparition de faux prophètes et des persécutions contre l'Eglise. Ces signes de la fin des temps sont déjà présents dans notre histoire et ils continuent aujourd'hui. Saint Paul, reprenant la pensée du Seigneur, nous prévient : « Un temps viendra où les gens ne voudront plus de la saine doctrine ; alors ils se trouveront des maîtres à leur goût qui sauront comment chatouiller leurs oreilles. Ils fermeront leurs oreilles à la vérité et s'intéresseront à des fables.[25] » De la gnose antique au New Age et aux sectes

---

24 1 Corinthiens 7, 31

25 2 Timothée 4, 3.4

d'aujourd'hui nous pouvons vérifier l'accomplissement de la parole de l'Apôtre. *Le défi pour la nouvelle évangélisation en Europe*, c'est que le christianisme apparaît à beaucoup, bien à tort il est vrai, comme connu, vieux, donc dépassé et inintéressant. Ce qui est intéressant, c'est ce qui semble nouveau. Même si nous ne sommes pas persécutés, on ne peut que constater la montée de l'intolérance dans notre société envers ce qui est chrétien. En témoignent ces propos d'un jeune homme, lus dans un forum de discussion sur Internet : « Il serait temps que la société reconnaisse le baptême pour ce qu'il est vraiment pour les enfants: violence sur mineur. » Sous-entendu, il faudrait interdire le baptême des bébés ! Ces idées sont certes minoritaires mais influentes…

Alors, que faire ? Notre Seigneur est clair sur ce point : « Ne vous effrayez pas ! Pas un cheveu de votre tête ne sera perdu. » Bref notre devoir de chrétiens c'est de garder confiance malgré tout. Le défi personnel que chacun nous avons à relever dans notre vie chrétienne, c'est bien celui de la persévérance. En effet beaucoup de choses semblent nous pousser au désespoir et au découragement. Face à la figure de ce monde qui passe, pris dans les aléas de l'histoire de l'humanité, nous pouvons nous appuyer sur la foi, l'espérance et la charité. « C'est par votre persévérance que vous obtiendrez la vie. » Si nous avons eu l'immense grâce de commencer une vie selon l'Evangile, demandons à l'Esprit-Saint la grâce de la persévérance. Le vrai chrétien ne baisse pas les bras, même quand les circonstances extérieures ne le poussent pas à la foi. Tout simplement parce qu'intérieurement il est relié à ce qui ne passe pas, à ce qui est éternel, à ce qui est source de vie : l'amour toujours fidèle du Seigneur.
Je laisse à l'apôtre Paul le mot de la fin :
« Si nous sommes morts avec le Christ, avec lui nous vivrons. Si nous supportons l'épreuve, avec lui nous régnerons. Si nous le rejetons, lui aussi nous rejettera. Si nous sommes infidèles, lui, il restera fidèle, car il ne peut se rejeter lui-même.[26] »

---

26 2 Timothée 2, 11-13

Le Christ Roi de l'Univers

Luc 23, 35-43

2010

La fête du Christ Roi de l'univers, d'institution récente (1925), marque la fin de notre année chrétienne.
Dans un premier temps je voudrais méditer pour vous quelques aspects de ce mystère de la royauté du Christ à partir des lectures bibliques. Ensuite je vous proposerai quelques applications concrètes de ce mystère dans la vie de notre Eglise et dans notre vie chrétienne d'aujourd'hui.
La deuxième lecture, un très beau texte de l'apôtre Paul, nous invite à regarder le projet de Dieu dans toute son ampleur, de la création jusqu'à la fin des temps. La royauté du Christ ne se comprend que par rapport à ce projet du Père. Elle en est le commencement, le centre et l'accomplissement. Affirmer du Christ qu'il est le roi de l'univers, c'est donc d'abord rappeler que « c'est en lui que tout a été créé dans les cieux et sur la terre » et que tout est créé « par lui et pour lui ». Oui, Dieu donne vie à toute la création par son Fils unique, sa Parole vivante et éternelle. Et Adam est le roi de la création parce qu'il est créé avec Eve à l'image et à la ressemblance de Dieu. Adam et Eve sont l'image terrestre du Fils créateur. La vocation de l'homme et de la femme consiste donc à régner sur la création en collaborant à l'œuvre même de Dieu. La royauté d'Adam est domination sur la création non pas pour la détruire ou l'asservir mais bien plutôt pour en faire une offrande au Père créateur, une action de grâce, un cri de reconnaissance et d'émerveillement pour l'œuvre de Dieu. L'écologie ou le respect pour notre environnement naturel est donc une exigence chrétienne qui découle directement de notre vocation de roi de la création.

Ce n'est pas quelque chose de facultatif pour le chrétien qui a compris le sens de sa place au sein de la création. Nous savons aussi qu'Adam et Eve, par le péché des origines, ont introduit le mal dans le monde. Ils n'ont plus été capables, en se séparant de Dieu, de continuer à exercer leur royauté sur l'univers de manière juste. En s'incarnant le Fils unique de Dieu vient nous redonner la royauté sur la création par le pardon des péchés et en nous offrant de nous réconcilier avec Dieu. En tant que baptisés et confirmés nous sommes déjà membres du royaume du Christ. Nouvel Adam, le Christ est aussi le roi de l'univers. Et c'est en lui que toute chose sur cette terre aura son accomplissement total. Tout chrétien est roi lorsqu'il fait remonter vers le Christ toute son activité, lorsqu'il offre au Christ l'ébauche d'une création nouvelle. Car c'est toute la création qui est appelée à entrer dans le royaume de Dieu, transfigurée par l'amour du Christ Roi. L'eucharistie en est une magnifique préfiguration puisque le pain et le vin deviennent le corps et le sang du Christ. L'Evangile nous montre comment le Christ est roi. Son trône, c'est la croix. Et il semble bien impuissant. En fait c'est sur la croix que, d'une manière paradoxale, le Christ déploie toute sa puissance royale qui est une puissance de don de soi et d'amour sans limites. C'est par la croix qu'il ouvre les portes du paradis fermé, le royaume de Dieu, au bandit qui le supplie.

Voyons maintenant quelques conséquences de ce mystère dans la vie de l'Eglise et dans notre vie. Depuis Constantin et jusqu'à une époque récente, l'Eglise a été tentée par la théocratie. En s'alliant étroitement au pouvoir politique elle a voulu dominer la société tout entière. Elle a succombé aux mirages du pouvoir et de la richesse, oubliant le caractère spirituel de la royauté de son Maître et Seigneur. Les chrétiens du 4ème et du 5ème siècle de persécutés qu'ils étaient sont devenus persécuteurs des païens. Et il a fallu des saints et des saintes, des François d'Assise par exemple, pour rappeler à l'Eglise sa vocation évangélique. Avec le concile Vatican II notre Eglise a renoncé à cette tentation d'imposer la royauté du Christ par la puissance et par la force. Elle est entrée en dialogue avec notre monde, comprenant qu'elle devait se faire la servante de notre humanité en adoptant les moyens qui furent ceux du Christ dans le temps de son incarnation.

Ce n'est pas en dominant mais bien en servant que notre Eglise participe à la royauté du Christ sur l'univers. Mais plus de 40 ans après le Concile une autre tentation nous guette : celle de nous contenter de beaux discours. Ces beaux discours qui nous donnent bonne conscience et ne changent rien dans les faits ! Les chrétiens que nous sommes exercent la royauté du Christ sur cette terre non pas en créant des réseaux d'influence plus ou moins occultes mais en donnant l'exemple. Paul VI disait déjà en son temps à quel point l'homme contemporain avait davantage besoin de témoins que de professeurs. Enseigner la foi c'est bien, la vivre c'est encore mieux. Pour illustrer mon propos par un seul exemple : cela ne sert pas à grand-chose pour le chrétien ou pour l'Eglise de répéter son refus de l'avortement tant qu'il ou elle n'agit pas pour accueillir les femmes en difficulté et pour les aider à garder l'enfant qu'elles portent. L'Eglise et les chrétiens seront crédibles dans la mesure où notre enseignement se transformera en actes et en choix concrets. Parler cela ne coûte pas grand-chose, s'engager c'est tout autre chose. Ne soyons pas comme certains hommes politiques qui demandent aux citoyens des sacrifices alors qu'ils ne renoncent pas à leurs privilèges... Oui, nous sommes roi de la création par et pour le Christ si nous témoignons de son Royaume par nos actes et par le don réel de notre personne. La royauté du Christ s'étendra sur notre terre si nous donnons l'exemple de notre vie.

Oui, je veux morebooks!

i want morebooks!

Buy your books fast and straightforward online - at one of world's fastest growing online book stores! Environmentally sound due to Print-on-Demand technologies.

Buy your books online at
www.get-morebooks.com

Achetez vos livres en ligne, vite et bien, sur l'une des librairies en ligne les plus performantes au monde!
En protégeant nos ressources et notre environnement grâce à l'impression à la demande.

La librairie en ligne pour acheter plus vite
www.morebooks.fr

VDM Verlagsservicegesellschaft mbH
Heinrich-Böcking-Str. 6-8
D - 66121 Saarbrücken

Telefon: +49 681 3720 174
Telefax: +49 681 3720 1749

info@vdm-vsg.de
www.vdm-vsg.de

www.ingramcontent.com/pod-product-compliance
Lightning Source LLC
Chambersburg PA
CBHW031712230426
43668CB00006B/191